MBTI와 사상체질 성격

유형별 개념과 특징

백유상

우공출판사

MBTI와 사상체질 성격 유형별 개념과 특징

발행일 2025년 10월 20일
지은이 백유상
펴낸이 안병준
펴낸곳 우공출판사 / **주소** 서울 중구 을지로 14길 12
전화 02-2266-3323 / **팩스** 02-2266-3328
등록 제301-2011-007 2011년 1월 12일 / **ISBN** 979-11-86386-29-3
표지디자인 백유상

Copyright © 백유상 2025

들어가기

　많은 사람들이 자기 성격이나 체질에 관심이 많으며, 또한 자신이 어떤 부류에 속하는지의 결과가 알게 모르게 자기 생활에 조금씩 영향을 주고 있다. 완전히 일치하지는 않더라도 어떤 유형이라고 판정이 나오면 한편으론 수긍하고, 한편으론 무시도 하면서 자신의 성향을 어떤 식으로든 결정짓고 싶어 하는 것이다. 아마도 그만큼 사람의 마음이 알기 어렵고 다루기도 쉽지 않기 때문이 아닌가 생각한다.

　이 책에서는 최근 큰 관심을 받고 있는 MBTI와 사상의학 체질 성격의 유형을 비교하면서, 주로 개념을 중심으로 설명하였다. 사상의학 관점으로 MBTI 유형을 보다 보니 새로운 해석이 가능해져서 이를 내용에 반영하였다. 반대로 사상체질의 성격도 각각 해당하는 MBTI 유형에 따라 여러 갈래 분화되는 양상을 알 수 있었다. 귀납적 추론이나 통계학적 증명을 통하지 않고 주로 개념에 대한 의미론적 해석을 통하여 독자의 이해를 깊게 하는 것이 이 책의 목적이다.

MBTI 체계는 스위스의 심리학자 융이 설정한 심리유형의 기본 개념을 채택하여 발전한 것이며, 검사를 위한 설문 문항도 이렇게 만들어진 유형별 특성을 바탕으로 개발되었다. 일반적으로 어떤 가설이나 모델이 설정되면 여러 방법론으로 그것을 활용하고 검증하면서 다시 수정 보완하게 된다. MBTI도 수십 년간 이러한 과정을 거쳤다. 따라서 유형별 특성에 대한 설명과 설문 문항은 앞으로도 상호 보완하면서 계속 조금씩 수정될 것이다. 단, 기본적인 지표(indicator)의 개념과 그것으로 표현되는 각 유형의 핵심적인 특성은 크게 변하지 않을 것이다.

또한 MBTI는 성격유형에 대한 검사 도구일 뿐만 아니라, 각 개인의 심리 특성을 둘러싼 일종의 문화적 현상을 만들어 내고 있다. 많은 사람이 자기 성격과 MBTI 검사 결과에 큰 관심을 가지고 있고, 그 점이 사람 또는 집단 간의 상호 작용에 영향을 미치면서 새로운 사회 현상들을 만들어 내고 있다. 예를 들어 남녀의 첫 만남에 MBTI 유형을 서로 물어보고 바로 공감한다든지, 운세를 볼 때도 MBTI 결과를 참고하는 것 등이다.

문화적 현상이 지닌 가치나 옳고 그름을 과학적 연구를 통해서 규명하기보다는, 그 이면에 있는 요인과 동력을 이해하는 것이 좀 더 현실적이다. 현재 사상의학도 이와 유사하게 문화적 현상을 일부 보이고 있다. 예를 들어 한의학을 전혀 모르는 일반인도 소양인, 태음인 등을 이야기하면서 어느 정도 공감하고 소통하는 경우가 있다. 이때 다가가서 말하는 근거가 무엇이냐, 특징을 정확히 설명해 보라는 식으로 따지는 것은 무의미하다.

이 책에서 자세하게 다루지는 않았으나, 칼 융, 캐서린 브릭스, 이사벨 마이어스, 이제마 등이 왜 인간의 내면을 파고들어 심리나 성격의 유형, 특성을 알아내려고 했는지, 그들이 추구했고 발견했던 것은 무엇인지 등에 대한 짐작은 이 책을 읽는 독자들의 몫에 맡긴다. 당연히 이를 정확히 알기 위해서는 더 전문적인 지식과 정보가 필요할 것이다. 이 책은 그러한 학술 서적이 아니며 단지 교양을 넓히는 데에 도움이 되기 위한 참고서이다.

사상체질의 성격 특성을 설명한 이제마의 《동의수세보원》 총론 부분은 매우 간략하고 함축적이어서 난해하다. 그런 의미에서 이 책이 또한, 사상의학의 체질 특성을 처음 접하는 사람들에게 기초적인 이해의 도움을 줄 수 있을 것으로 기대한다.

목 차

들어가기	3
목차	7
일러두기	9
MBTI에 대하여	**13**
MBTI 각 지표 특징	**33**
MBTI 각 유형 특징	**47**

ISFJ ⋯	49	ESFJ ⋯	113
ISFP ⋯	57	ESFP ⋯	121
ISTJ ⋯	65	ESTJ ⋯	129
ISTP ⋯	73	ESTP ⋯	137
INFJ ⋯	81	ENFJ ⋯	145
INFP ⋯	89	ENFP ⋯	153
INTJ ⋯	97	ENTJ ⋯	161
INTP ⋯	105	ENTP ⋯	169

사상의학에 대하여	**177**
사상체질 성격 특징	**187**
태양인	189
소양인	197
태음인	205
소음인	215
나오기	**225**
참고문헌	**229**

일러두기

이 책을 읽은 방법으로, 우선 이미 알고 있는 독자 자신의 MBTI 성격유형을 찾아서 그 특징과 해당하는 사상체질의 성격을 살펴본다. 그다음 더 자세한 배경에 대해서는 이 책에서 설명하고 있는 MBTI와 사상의학 관련 부분을 참고하면 된다. 또한 MBTI 유형별 성격의 개념은 각 항목의 가장 앞부분에 나오는 지표 조합에 대한 설명으로 간략히 알 수 있다.

이 책에서는 MBTI와 사상체질의 성격유형이 가진 특성을 설명하면서 다음의 자료들을 참고하였다.

- 《심리유형》 (부글북스, 2019)
- 《MBTI 개발과 활용》 (어세스타, 2007)
- 《Introduction to Type》 (CPP Inc., 1998)
- 《Gifts Differing》 (CPP Inc., 1995)
- 《사상의학》 (집문당, 1997)

《심리유형》의 원서는 칼 구스타프 융이 1921년 취리히에서 간행한 《Psychologische Typen(Psychological Types)》으로 처음으로 심리유형 분류의 기초를 제시하였고, 1923년 영역되어 캐서린 쿡 브릭스가 MBTI 성격유형을 구상할 때 많은 영향을 주었다. 《MBTI 개발과 활용》의 원서인 《MBTI Manual: A Guide to the Development and Use of MBTI》는 1962년에 MBTI 개발을 주도한 이사벨 브릭스 마이어스가 간행하였고, 1980년 그녀가 죽기 전에 보완한 것을 1985년에 메리 맥콜리(Mary H. McCaulley)가 후속 작업을 진행하여 개정판을 냈다. 《Introduction to Type》도 마이어스가 1962년에 자체 출간한 것으로, 이 책에서는 1998년 판을 참고하였다. 《Gifts Differing》은 마이어스가 1980년 운명 직전 출간한 책으로, 16개 성격유형의 특징을 본인이 직접 자세히 설명하였다. 여기에는 수십 년간 MBTI를 개발하고 운영했던 자신의 경험이 녹아들어 있다. 마지막으로 《사상의학》은 전국 한의과대학 사상의학교실에서 공동으로 간행한 사상의학 전문서적이다. 이상 자료의 내용을 참고하면서 일부의 출전을 밝혔으며, 여기에 저자의 생각을 추가하였다.

이 책에서 MBTI 유형과 사상체질 성격의 특징을 설명하면서 평상시 자주 나타나는 긍정적인 측면과, 가끔 나타나는 조금은 부정적인 측면을 대비하였다. 단, 이 두 가지는 공존할 수 있으므로 함께 생각해 보면 유형별 개념 이해에 도움이 된다.

이 책에서는 MBTI 유형 간 적합성이나 다빈도로 나타나는 직업군 등에 대해서는 언급하지 않았다. 이 분야는 아직 연구가 충분하지 않아 결론이 유동적이기 때문이다. 또한 《MBTI 개발과 활용》에 나오는 각 유형의 주기능과 부기능, 3차기능, 열등기능 등의 파생 기능도 다루지 않았다. 이 책에서는 주로 유형별 개념과 특징을 설명하는 데에 중점을 두었기 때문이며, 이 기능들의 설정이 조금 관념적이고 기계적인 측면이 있어서이다.

한편 MBTI 16개 유형에 붙는 별칭은 현재 개발자별로 제안된 종류가 많은데, 그중에서 16Personalities 검사법을 개발한 NA(NERIS Analytics Limited)의 것이 유형별 특성을 설명하는 데에 일부 도움이 되어 참고하였다.

사상체질별 음식과 약재는 다양한 의견이 많으므로 혼동을 피하기 위하여 《동의수세보원》을 비롯한 이제마의 초기 문헌을 기준으로 제시하였다. 더 상세하고 정확한 내용은 사상의학 전문 서적과 전문가의 의견을 참고해야 한다.

MBTI에 대하여

MBTI 개발의 역사
MBTI와 융 이론의 차이점
MBTI 지표들의 구조
심리유형의 안정성
파생 기능과 별칭

MBTI and Sasang Constitution Personality
The Concepts and Charactoristics by Types

MBTI 개발의 역사

MBTI(Myers-Briggs Type Indicator, 마이어스-브릭스 유형 지표)는 미국의 캐서린 쿡 브릭스(Katharine Cook Briggs, 1875-1968)와 그의 딸 이사벨 브릭스 마이어스(Isabel Briggs Myers, 1897-1980)가 개발한 성격유형 지표이다.

캐서린 쿡 브릭스(이하 브릭스)는 교육자 집안에서 태어나 14살 대학에 들어갈 때까지 정식 학교에 다니지 않고 집에서 아버지로부터 교육을 받았다. 그리고 그녀는 결혼 후 집안과 가족을 돌보지 않는 남는 시간을 이용해서 혼자 많은 주제를 읽고 쓰고 사색했는데, 이러한 소양들이 후일 성격유형 개발의 밑거름이 되었다. 특히 유일한 딸인 이사벨 브릭스 마이어스(이하 마이어스)가 태어나자, 브릭스는 아이들은 선천적으로 호기심이 많으므로 배움에 대한 자연스러운 본능을 키워야 한다고 믿었으며, 자신도 그랬듯이 전통적인 학교 교육을 시키지 않고 마이어스를 집에서 직접 가르쳤다. 이 점은 그녀가, 자신의 통찰력을 바탕으로 다른 사람에게 영감을 주어 격려하고 성장을 돕는 INFJ 유형인 점을 보여주는 것이다.

훗날 마이어스 본인의 말을 빌자면, 집에서 받은 교육을 통해 아직 아무도 모르는 것을 찾아내는 데에 재미를 갖게 되었고, 정식으로 공부하지 않고도 무언가 할 수 있다는 생각을 갖고 대학까지 입학했다고 한다. 관심 있는 주제에 대해 읽고 쓰기를 반복하는 교육을 통해 마이어스는 이미 14세부터 잡지에 사설과 편지를 제출하기 시작했다.

마이어스가 대학으로 진학한 이후 브릭스는 자기 혼자 나름대로 성격유형에 호기심을 갖고 연구하다가, 칼 구스타프 융의 《Psychologische Typen(Psychological Types)》(1921) 영어번역본이 1923년에 출간되자 이를 읽고 매료되어 딸에게 내용을 소개했다. 브릭스는 그때까지 몇 년 동안 자신이 철학자, 심리학자, 과학자들의 책을 보며 진행했던 성격유형 연구를 접고 융의 이론에 심취했으며, 융에게 직접 편지를 보내 '직관'이나 '감정'이란 말이 무엇을 의미하는지를 묻기도 하였다. 브릭스와 융은 편지를 주고받고 융이 미국을 방문했을 때 서로 잠깐 만나기도 했지만, 학문적으로 밀접한 관계까지는 아니었다.

마이어스는 처음에는 어머니만큼 성격유형에 관심을 두지 않았다가, 1939년 제2차 세계대전의 발발 이후 많은 사람이 애국심 때문에 직업을 구하면서도, 자신의 재능을 발휘하지 못하고 자기 기질에 맞지 않는 일을 억지로 한다는 것을 알게 되었다.

이때부터 마이어스는 융의 열렬한 지지자였던 어머니와 함께 성격유형 도구를 개발하기로 결심했고, 드디어 1942년 여름에 작업을 시작한다. 그녀는 컴퓨터가 없던 시절 혼자 방안에서 수천 건의 사례에 대한 데이터를 오랫동안 비교 분석하고, 유형을 구분하는 문항들을 직접 만들어 사람들에게 적용하며 검증해 나갔다. 그 결과 1943년에 MBTI의 첫 버전이 만들어졌다. 마이어스는 스스로 자신을 판정한 INFP의 유형대로 사람의 내면에 관심을 두고 통찰하면서 좀 더 나은 방향으로 자신과 주변을 바꾸고자 한 것이다.

MBTI 검사 도구는 경영 컨설팅 회사에서 사용되다가, 1945년 조지 워싱턴 의과대학에서 신입생을 대상으로 한 대규모 조사에 활용되면서 인지도를 얻게 되었다. 마이어스는 1957년에 ETS(Educational Testing Service)와 MBTI 관련 계약을 체결하였고, 1962년에 《Introduction to Type》과 《MBTI Manual: A Guide to the Development and Use of MBTI》를 출간하였으며, 1964년 미국심리학회에서 자신의 연구 결과를 논문으로 발표하였다. 그녀는 어머니가 1968년 돌아가신 이후 좀 더 자유로운 연구 환경과 MBTI의 대중적 확산을 위해 1975년 CPP Inc.를 통해 최초로 MBTI 도구를 공개 출간하였고, 이후 더욱 인기를 얻게 되어 많은 기업, 대학, 정부 기관 등에서 활용되었다. 마이어스는 1975년부터 1980년 운명하기까지 생애 마지막 몇 년

동안 MBTI의 업그레이드에 힘을 쏟았으며 사망 직전 16개 유형에 대한 본인의 자세한 설명을 담은 《Gifts Differing》을 출간하였다. 이 책에서는 융의 8가지 심리유형 카테고리마다 2개씩 대표하는 MBTI 유형을 배치하여 설명하였고, 결혼이나 직업 등 현실 문제에의 적용, 유형의 발달과 관련된 여러 논의 등에 대하여 많은 지면을 할애하였다.

브릭스가 처음에 가졌던 희망과 노력 즉, 사람이 사람을 가까이 교감하면서 가르치고 배우는 것, 책을 읽고 궁금한 것을 생각하고 그것을 써보는 것, 시든 소설이든 에세이든 간단하게 창작을 해보는 것 등은 지금 인문학적 교육방법론이 시행하는 것과 같다. 또한 후일 그녀가 성격유형에 관심을 가진 이유는 사람들이 성격의 차이를 제대로 인지하여 궁극적으로 자유롭게 생각하고 잠재된 능력을 열어서 펼칠 수 있도록 만들기 위함이었다. 이러한 목표와 방법론을 지켜나간 브릭스는, 딸 마이어스가 본격적으로 MBTI를 개발할 때 생소한 통계학적 검증 방법을 사용하는 것에 대해서 오히려 잘 이해하고 받아들이지 못했다고 한다. 한편 마이어스는 사람들이 자신에게 맞는 직업을 선택해야 사회 문제를 해결하고 개인도 행복할 수 있다고 보았으며, 그것이 성격유형을 구분하는 지표(indicator)를 채택한 동기가 되었다. 물론 마이어스도 어머니 브릭스와 마찬가지로 사람의 성격유형이 발달하는 것에 교육적 의미를 부여하고 중시한 것은 사실이다.

브릭스와 마이어스 모녀가 MBTI 유형 이론의 창시자로 추종한 칼 구스타프 융(1875-1961)은, 스위스의 정신과 의사이자 심리학자로 분석심리학의 기초를 만들었다. 그는 의식과 무의식이 상호작용하며 정신의 전체적인 기능을 형성한다고 보았고, 그 역동 관계 속에서 각 개인은 자신의 잠재력을 발휘하여 성장하고 성숙하는 자기실현의 과정을 겪는다고 하였다. 또한 프로이트(1856-1939)가 인간의 성적 에너지로서 리비도를 강조한 것에 비하여 융은 더 포괄적인 정신의 원동력을 중시하였고, 인간의 무의식을 억압된 의식의 잔여물이 아니라 인류의 보편적 경험이 담긴 개념으로 넓게 해석하였다.

MBTI와 융 이론의 차이점

동시대를 살았던 칼 구스타프 융(1875-1961)과 캐서린 쿡 브릭스(1875-1968)는 서로 약간의 교류가 있었으나 삶의 궤적은 달랐다. 융은 심리분석을 통한 정신병 치료를 연구하여 분석심리학을 창시했고, 브릭스는 교육과 문학 관련 활동을 하였다. 융이 제시한 심리유형은 1921년 취리히에서 출간한 《Psychologische Typen》에 실려 있으며, 여기서는 유형별 특성과 함께 여러 사람의 특이한 심리 사례들을 주로 설명하고 있다. 이에 비하여 브릭스는 처음에 딸 이사벨 브릭스 마이어스의 교육에 관심을 두었다가 훗날 성격유형 연구로 초점이 옮겨갔다. 이러한 차이로 융은 심리유형 지표 가운데 I(introversion)와 E(extraversion)를 중시하면서 페르소나, 그림자, 콤플렉스 등 인간의 독특한 내적 심리상태를 제시하였다. 반면에 MBTI 체계에서는 자기 계발이나 진로 선택, 교육 등에 활용하는 목적으로 각 유형의 일반적이고 긍정적인 측면을 많이 설명하였으며, 현실에서 활용도를 높이기 위해 J와 P의 지표를 독립시키고, 부기능과 열등기능 등 파생된 기능들을 설정하였다.

마이어스의 《Gifts Differing》을 보면 융에 대하여, 정상적이고 균형 잡힌 유형과 그 보조적 과정을 함께 다루지 않아서, 보조적 기능이 전혀 발달하지 않은 드물고 이론적으로 순수한 유형을 주로 설명하였다고 평가하였다. 이렇게 보조적 과정을 배제함으로써 예를 들어, I 유형의 사람이 전혀 외향성이 없는 것으로 보여서 소통할 수 없고, 통찰력을 활용할 수 없고, 외부 세계에 어떠한 영향도 미칠 수 없다고 오해된다는 것이다. 물론 마이어스는 융이 어렴풋하게나마, 보조적 프로세스가 지속해서 존재하며, 그에 따라 지각과 판단의 지표가 짝을 이루는 경향성이 있고, 외향과 내향의 균형을 맞추는 보조적 역할이 있다는 것 등을 알고 있었다고 한다. 아무튼 마이어스는 융의 유형 개념이 분명히 교육, 상담, 고용, 소통, 가정생활 등 익숙한 일상과 관련된 것인데, 수십 년 동안 그의 이론의 실질적인 유용성이 탐구되지 못하였다고 아쉬워했다.

이에 비하여 마이어스는 주기능과 부기능 모두 잘 발달되었음을 전제로 하여, 각 유형을 정상적이고, 균형 잡히고, 잘 적응하고, 행복하고, 효과를 얻는 사람들의 모습으로 표현하였다. 그리고 이러한 긍정적인 면에 대한 치우침을 보완하기 위하여 융이 말한 자아의 어두운 측면(shadow side)과 부기능의 작용을 설명하였다.

또한 융은 I와 E의 분류 가운데서 특히 I를 중시하였는데, 집단무의식이 미치는 영향을 크게 본 것이다. 그의 글을 보면 E에 대해서는 단지 I의 특성에 대한 반대 개념으로서 바라본 경향이 있다. 그가 제시한 집단무의식은 인류가 공통으로 지니고 있으며 오랜 시간에 걸쳐서 만들어진 무의식으로, 그 속에 심리적 상징의 근원인 원형(archetype)을 담고 있다. 집단무의식의 원형들은 개인의 내면 성장과 자아실현에 영향을 미치며, 심리적 균형과 통합에도 관여한다.

융의 집단무의식 개념이 만들어지게 된 시대적 요인들로는, 19세기부터 20세기 초까지 급격한 사회변화 속에서 등장한 이성

주의와 합리주의 그리고 그에 대한 반동, 종교를 기반으로 한 전통적 공동체의 해체와 개인의 소외, 개인의 문제와 사회 현상 간 인과성의 탐구 그리고, 물질과 정신의 괴리 속에 놓인 인간성에 대한 재해석 필요성 대두 등을 들 수 있다. 이러한 배경 속에서 융은 집단무의식이라는 인간의 보편성을 상정하고 긍정함으로써 인간 회복에 대한 희망을 가졌던 것으로 보인다.

이에 비하여 브릭스와 그의 딸 마이어스는 융이 진행했던 각 개인에 대한 심리분석이나 치료보다, 우선 인간집단의 유형을 MBTI로 분류하고 이를 통해 나온 결과를 진로 선택, 교육과 자기 계발 등에 활용하고자 하였다. 이를 위하여 실제 생활 속에서 드러나는 행동의 경향성을 더 잘 나타내기 위해 J와 P의 태도 특성을 독립적인 지표로 설정하였다. 또한 주기능과 파생된 여러 기능을 추가로 분석하여 성격의 이중성을 잘 드러냄으로써 각 심리유형의 다양성을 반영한 현실적인 해석이 가능해졌다. 이러한 MBTI의 특징은 당시 발전하고 있던 미국 문화의 실용주의적 성격을 보여준다고 할 수 있다. 참고로 미국 실용주의 철학은 19세기 말부터 찰스 샌더스 퍼스, 윌리엄 제임스, 존 듀이 등에 의해 발전하였는데, 진리는 고정되지 않고 상황과 필요에 따라 변화하며 경험과 실천 속에서 결과를 나타낼 때 비로소 진리로 인정받는다고 주장함으로써 당시 미국의 사회변화를 반영한 사조이다.

MBTI 지표들의 구조

　사람은 외부의 대상이 자신에게 접근했을 때 먼저 그것을 인식하고 이후에 반응 또는 판단한다. 이 책에서는 대체로 '인식'은 오감을 통해 정보를 받아들이면서 마음이 그것을 느끼는 과정을 지칭하고, '반응'은 인식으로 받아들인 것에 대하여 내면에서 일어나는 대응을 지칭하기로 한다. 참고로 융의 심리학과 MBTI 체계에서는 인식을 지각(perceiving), 반응을 판단(judging)이라 하였는데, 이 책에서는 '인식'과 '지각', '반응'과 '판단'을 상황에 따라 통용해서 썼다.

　사람은 인식 과정에서 대상을 있는 그대로 받아들일 수도 있고, 자신의 직관을 통해서 받아들일 수도 있다. MBTI 지표 가운데 전자를 S(sensing)의 감각이라 하고, 후자를 N(intuition)의 직관이라 한다. 직관은 이미 자기 마음속에 어떠한 틀을 형성하고 그 틀에 맞추어서 대상을 받아들이는 것인데, 직관이 일어날 때는 이미 마음속의 경향성이 어느 정도 인식에 영향을 미치고 있다. 이에 비해 감각은 오감을 통한 정보를 가감 없이 받아들여 마음으로 느끼는 것이다.

한편 반응 과정에서는 이미 내 마음속에 가지고 있는 무언가로부터 시작하여 작용이 일어나는데, 그 하나는 F(feeling)의 감정이고 다른 하나는 T(thinking)의 사고이다. 여기서 감정은 주로 대상에 대한 애정을 바탕으로 하고 있다. 애정의 표현은 양면성이 있어서 만족하면 기쁘고 즐거우며, 결핍되면 슬프고 화가 난다. 따라서 MBTI에서는 슬픔과 분노는, 기쁨, 즐거움과 동등하기보다 애정의 만족 여부에 따라 나타나는 부수적인 감정으로 보고 있다. 한편 사고는 옳고 그름에 대한 논리적 판단과 더불어 지혜에 대한 통찰력을 포함한다.

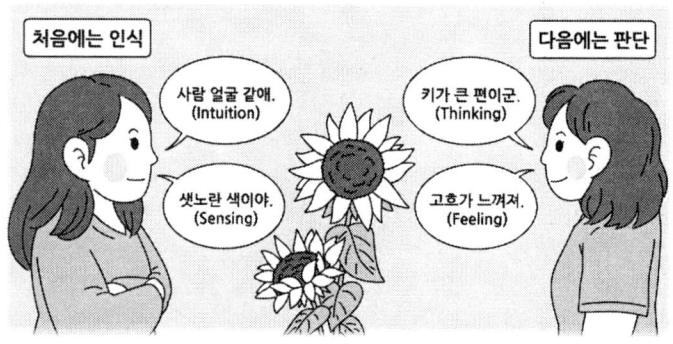

해바라기는 있는 그대로인데, 마음의 움직임은 제각각.

만약 우리가 해바라기를 인식할 때, N이 발달한 사람은 이미 마음속에 얼굴 모양이 형성되어 있어서, 해바라기를 보이는 그대로가 아니라 직관적으로 사람의 얼굴 모양으로 받아들인다. 반면에 S가 발달한 사람은 해바라기의 노란색을 눈앞의 색 그대로 샛노랗다고 본다. 해바라기란 사실을 알고 난 후의 반응에서, F가 발달한 사람은 해바라기를 보면서 자신과의 처절한 싸움 속에 강렬한 인생을 살다 간 빈센트 반 고흐에 대한 연민이 아련하게 느껴진다. T가 발달한 사람은 눈대중으로 해바라기의 키를 추정했든, 과거의 경험과 비교했든, 이 해바라기는 키가 큰 편이라고 논리적 판단을 한다.

융은 1921년 취리히에서 출간한 《Psychologische Typen》에서 S-N-F-T 전체를 아우르는 대분류로 I(내향, introversion)와 E(외향, extraversion)를 설정하였다. 앞에서 언급한 대로 융은 I와 E의 대분류를 심리유형의 가장 중요한 체계로 보았고, 집단무의식과 관련된 인간 내면의 원형(archetype)에 관심이 많았다. I는 마음속 깊은 곳에 오래전부터 형성된 그 무언가에 지배되어 있는 태도를 말하고, E는 반대로 외부의 대상에 마음이 끌려가서 그것에 맞추려는 태도를 말한다. 이사벨 브릭스 마이어스의 《Introduction to Type》에서는 E를 외부 세계의 사람과 행동에 관심을 두고 에너지를 얻는 것으로, I를 자기 내면세계의 생각과 경험에 관심을 두고 에너지를 얻는 것으로 대비하여 설명하였으며, 다른 지표들과 등급의 차이를 두지 않았다.

마지막으로 MBTI에서는, J(judging)의 판단과 P(perceiving)의 인식 지표를 새로 설정하였다. 원래 J와 P는 각각, 감정과 사고, 감각과 직관 등을 묶는 상위 개념이었다. 이렇게 독립시킨 이유는, 검사의 실용성을 고려하여 현실의 행동에서 드러나는 경향성을 중시한 것으로 보인다. J는 결정짓기 좋아하고 이미 결정된 것을 안 바꾸려는 태도이며, P는 자유롭고 유연한 태도이다. 현실에서 J는 책임 의식으로, P는 창의성으로 나타나기도 한다.

　브릭스는 융이 1921년 《Psychologische Typen》을 출간하기 이전 성격유형을 연구하면서 이미 사색적 유형(meditative type), 자발적 유형(spontaneous type), 행정적 유형(executive type), 사교적 유형(sociable type) 등으로 나누고 있었는데, 사색적 유형은 모든 I 유형에, 자발적 유형은 ES와 EN 조합의 유형에, 행정적 유형은 ET 조합의 유형에, 사교적 유형은 EF 조합의 유형에 해당한다. 단, 마이어스에 의하면 당시에는 세부적인 내용이 부족한 상태였다고 한다.

　한편 이상 8가지 지표는 16개 성격유형의 세부적인 단면을 나타내는 특징들일 뿐, 이 지표들의 조합만으로 하나의 성격 패턴을 정의 내릴 수는 없다. 예를 들어 INTJ 유형의 성격은 단순히 I-N-T-J 4가지 특성을 조합하여 구성된 것이 아니라, 자신만의 아이디어를 생각하고 그것을 현실 속에 구현하려는 의지를 가진 어떤 성격 패턴을 통틀어 분석하여 INTJ로 표현한 것뿐이다. 따라서 각 지표의 의미는 유형별 패턴에 따라 조금 달라질 수 있다. 예를 들어 INTJ 유형의 경우 T의 특성으로 창의성이 나타나지만, 다른 유형에서는 P의 특성이 창의성에 더 영향을 주는 요소일 수 있다. 또한 ENFJ와 ESFJ의 유형에서 밖으로 잘 드러나지 않는 내면세계가 J의 특성으로 강하게 나타날 때가 있는데, 이 순간에는 마치 I 유형의 사람처럼 보일 수 있다.

1980년 출판된 《Gifts Differing》을 보면, E(extraversion)와 I(introversion)의 조합과, 인식과 판단에 각각 해당하는 S(sensing)와 N(intuition), T(thinking)와 F(feeling) 등의 조합을 결합하여 8개 카테고리를 만들었다. 여기에 2개씩 배속하여 전체 16개 성격유형을 설명하고 있다. 예를 들어 외향적 사고 유형인 E와 T 조합 카테고리에, S의 부기능을 가진 ESTJ와 N의 부기능을 가진 ENTJ를 배속한 것이다. 《MBTI 개발과 활용》(2007)에서도 이와 같은 형식을 취하였다. 《Introduction to Type》(1998)에서는 주기능과 열등기능이 짝을 이루는 4개의 카테고리 속에, 부기능과 3차 기능의 조합 4개씩을 배속하여 설명하였다.

심리유형의 안정성

어떤 분야의 유형 체계이든 안정성이 중요하다. 심리유형도 테스트 결과가 자주 뒤바뀌면 분류한 유형의 효용성이 떨어진다. 예를 들어 설문 문항이 조사의 취지와 유형의 의미를 잘 반영하지 못하면 결과가 안정적이지 않을 수 있으며, 작성자의 답변 방식과 태도도 영향을 미친다. ESFP의 유형은 보통 여러 사람을 만나서 소통하면서 즐거운 한때를 보내기 좋아하는데, 어떤 때는 기분이 가라앉아 모든 것에 흥미를 잃고 사람을 피하는 경우가 있다. 이러한 상반된 ESFP 유형의 심리 상태가 설문 문항에 잘 담겨 있어야 한다.

또한 각 심리유형의 개념이 원래 분명하고 상세하게 설명되어 있어야 설문 문항을 만드는 사람이 정확하게 개발할 수 있다. ENFJ 유형의 경우는 개방적이고 사교적인 성격이지만, 내면에 독특한 세계관이 있어서 나름대로 본인만의 주장을 가지고 있다. 설문 문항을 개발할 때 유형별로 이러한 복잡한 성격을 잘 표현한 참고 자료가 마련되어 있어야 한다.

마지막으로 심리유형 체계가 인간 내면의 어떠한 영역을 타깃으로 하는지에 따라 안정성이 달라진다. 예를 들어 사상의학에서는 체질별 성격을 구분할 때는, 마음의 잘 변하지 않는 부분을 기준으로 하고 있다. 예를 들어 소음인에게서 상황에 따라 즐거움과 기쁨, 약간의 분노가 모두 나타나지만, 그 강도가 강하든 약하든 즐거운 감정이 항상 밑바탕에 깔려있다. 그래서 사상체질을 분류할 때 즐거움을 기준으로 소음인을 판별하며, 이러한 경향성은 평생 변하지 않는다. MBTI는 인간 깊은 내면의 변하지 않는 부분까지 명확하게 규명하지 않고 사람들이 손쉽게 이용하도록 실용성을 높인 특징이 있으므로, 사상의학보다는 유연한 유형 분류 체계라고 할 수 있다.

한편 인성의 선악 차이는 성격유형 분류에 반영되지 않는다. 간단히 말해서, 착한 사람은 자신이 손해를 보더라도 다른 사람을 위하고, 악한 사람은 다른 사람을 해치면서 자기 이득을 보려고 하는데, 유형에 따라 이러한 차이가 나타나지는 않는다. 성격유형을 판단할 때 이 점을 고려해야 한다. 어떤 사람이 다른 사람을 강압적으로 대하면서 무리한 요구를 한다고 해서 외형적이라고 판단할 수 없으며, 겉으로 친절하게 도움을 준다고 해서 주변에 헌신적인 성격의 유형이라고 할 수 없다.

파생 기능과 별칭

MBTI 체계에서는 각 지표 중 유형별로 가장 선호하는 기능을 주기능이라 하고, 그 외에 주기능을 돕는 부기능, 기타 3차기능과 발달하지 않은 열등기능 등을 설명하였다. 특히 부기능은 서로 반대 성향이지만 주기능을 보완하고 균형을 잡는 역할을 한다. 융의 《Psychologische Typen》에서는 주기능과 부기능에 대해 간략히 언급하였는데, 부기능은 주기능에 보조적이거나 보상적으로 짝을 이루는 것이다. 예를 들어 사고는 반대 개념의 감정과 짝을 이룰 수 없으나 부차적 기능으로 직관, 감각과 짝을 이룰 수 있다. 융은 실용적 사고는 감각과 서로 부드럽게 결합하며, 사색적 사고는 직관과 결합하여 순조롭게 작용한다고 하였다.

파생 기능들을 MBTI에서 정하는 방법을 살펴보면, 예를 들어 E의 외향 유형에서 먼저 J-P 조합을 보고, 만약 J면 판단의 F-T 조합으로 간다. 이때 J-P 조합 자체가 외향성 개념이므로 판단 조합의 지표가 외향성 주기능, 인식 조합의 지표가 내향성 부기능이 된다. 그리고 모든 유형에서 3차기능은 부기능의 반대 지표, 열등기능은 주기능의 반대 지표이다. J-P 조합을 항상 외향성으로 보고 다음에 인식이나 판단 지표로 가서 역시 외향성으로 정하는 것이 특징이다.

이러한 방법으로 ESTJ의 경우, T가 주기능, S가 부기능, N이 3차기능, F가 열등기능이 된다. 내향 유형인 ISTJ의 경우에는 J의 특성이므로 역시 판단 지표로 가며 T가 외향성이 되는데, 단 ISTJ 유형이 전체적으로 I에 의해 내향성이므로 T가 주기능이 되지 않고 반대의 인식 지표 S가 주기능이 된다. 따라서 S가 주기능, T가 부기능, F가 3차기능, N이 열등기능이 된다.

이 책에서는 MBTI와 사상체질의 성격유형을 비교하여 각각의 개념을 짚어보는 것이 주목적이므로, 주기능과 부기능, 3차기능, 열등기능 등의 관계는 다루지 않았다. 이러한 여러 파생 기능은 MBTI 각 유형의 전형적인 모습에서 조금 벗어나는 사람의 성격을 설명할 때 유용하고, MBTI 결과를 교육이나 진로 상담 등에 활용할 때도 설명의 도움을 줄 수 있다. 단, 이러한 기능들은 일견 융의 이론을 바탕으로 한 것으로 보이나, 지나치게 기계적이고 관념적이어서 실용적이지 못하고, 정확한 유형 결정에 일부 혼란을 가져올 수도 있다. 예를 들어 MBTI 이론에 의하면 부기능이 주기능보다 절대로 활성화될 수 없는데, ISTP 유형을 보면 주기능인 T의 사고보다 부기능인 S의 감각이 뛰어난 경우도 충분히 있으므로 실제와 차이가 있는 것이다.

한편 MBTI의 파생형인 16Personalities 검사법을 개발한 NA(NERIS Analytics Limited)에서는 16개 유형별로 별칭을 부여하였다. 별칭은 일종의 상징으로 여러 의미를 함축해서 해당 유형의 의미를 쉽게 이해하고 전달할 수 있는 장점이 있다. 현재 MBTI 16개 유형에 대하여 10개 안팎의 별칭 리스트가 제안되어 있다. 아마도 서로 경쟁하여 가장 정확하고 활용도가 높은 리스트가 남을 것이다. 이 책에서는 널리 알려진 NA의 별칭을 주로 참고하였다.

MBTI 각 지표 특징

소양인
소음인
태음인
태양인

I(introversion)와 E(extraversion)
S(sensing)와 N(intuition)
F(feeling)와 T(intuition)
J(judging)와 P(perceiving)

MBTI and Sasang Constitution Personality
The Concepts and Charactoristics by Types

❧❧❊☙☙

I(내향, introversion)와 E(외향, extraversion)

I와 E의 개념은, 융의 《Psychologische Typen》에서 처음 쓰였는데 이 둘을 묶어서 '태도 유형'이라 불렀고, 그 아래에 각각 다시 지각과 판단의 두 가지 '기능 유형'을 배치했다. 융의 심리학에서는 대분류인 I와 E가 심리유형의 가장 중요한 요소였으나, MBTI에 와서는 상대적으로 비중이 줄어든 편이다. 《Gifts Differing》에서는, 지각과 판단이 아이디어에 집중되면 I이고 외부 환경에 집중되면 E이며, 현실에서는 단지 오른손잡인지 왼손잡이인지 정도의 크지 않은 경향성 차이라고 하였다.

I와 E는 단순히 에너지의 움직임이나 관심이 어느 방향으로 얼마만큼 향하고 있는지를 나타내는 벡터 개념이 아니다. 융의 생각을 따라가 보면, I의 유형에서는 대상에 대한 자신의 지각과 행동 사이에 자신의 주관적 관점이 개입하는데, 이때 주관적 요소는 '집단무의식'에 관한 것이다. 집단무의식은 인류라는 종이 오랜 역사에 걸쳐서 집단으로 형성해 온 내면 깊은 곳의 무의식이며 그 속에 보편적 원형(archetype)을 담고 있다. 마이어스도 원형에 대하여, 인류 경험의 추상적 본질이며 열망 같은 것으로,

세상 사람들이 매우 다양하지만 그 속에서 패턴과 의미를 끌어낼 수 있는 보편적인 것이라고 하였다.

아무튼 I의 유형은 집단무의식까지는 아니더라도 무의식에 가까운 자기 내면의 어떤 무엇에 이끌리고 매료되고 지배되어 있는 사람이다. 반대로 E의 유형은 내면에 있는 의식의 관심이 밖으로 향해서 외부 대상과 결정적 관계를 맺으며, 그 대상의 중요성을 강하게 확신하는 사람이다.

예를 들어 E의 특성을 가진 ESFP 유형의 사람은, 끊임없이 외부 세계에 마음이 끌리면서 상대방과 교감을 시도하고 자기를 표현해서 그들에게서 좋은 반응이 나오기를 기대한다. 만약 외부 대상과 관계가 틀어지면 심한 우울증에 빠질 수도 있다. 반면에 ISFP 유형도 활동량이 적지 않고 다양한 경험을 쌓기 좋아해서 언뜻 보기에 ESFP처럼 외향적인 사람으로 보일 수 있다. 그러나 자세히 들여다보면 내면의 자아가 친밀감을 느끼는 범위 안에서 마음이 제한적으로 움직이는 것이며, 경험의 대상들도 자신의 풍요롭고 편안함을 위하여 알게 모르게 선택하게 된다.

간단히 I와 E의 특성을 대비해 보면, 이미 자기 마음 깊은 데에 있는 생각이나 감정에 지배되어 있는지, 아니면 변화하는 외부 세계에 이끌려 따라가는지의 차이이다. E의 경우는, ENTP 유형에서처럼 나와 남의 생각을 항상 똑같이 맞추도록 애쓴다든지, ENFP 유형에서처럼 세상에는 나를 이해하는 사람이 있을 거라는 기대로 행동하기도 한다. 또한 ESTJ 유형에서처럼 객관적인 세계는 거짓이 없다는 믿음을 갖고 따르거나, ENTJ 유형에서처럼 눈앞의 세상을 변화시키고 싶은 충동을 느끼기도 한다.

I의 경우는 E의 유형에 비해 안정적이고 집중력이 좋은 경향을 보인다. 각 유형을 살펴보면 INFJ와 ISFJ 유형에서처럼 사람에 대한 애정이 마음 깊은 곳에 자리 잡고 있거나, INFP 유형에서처럼 애정과 함께 자유롭고 낭만적인 정신세계를 꿈꾸기도 한다. INTJ와 INTP 유형에서처럼 새로운 아이디어를 구상하는 독특한 관점 또는 진리에 대한 공감대가 내면에 있거나, ISTJ와 ISTP 유형에서처럼 대상을 다루는 자기만의 질서 있는 원칙과 뛰어난 감각이 마음속에 잠재되어 있기도 하다. 참고로 융이 설정한 I 유형의 여러 설명을 읽어 보면, 대체로 소음인에 치우친 경향을 볼 수 있다.

S(감각, sensing)와 N(직관, intuition)

융은 기능 유형 가운데 지각 또는 비합리적 기능(perceiving or non-rational function)을 설정하고 S(sensing)와 N(intuition)을 배치하였다. 지각은 외부의 대상을 인식하는 기능이고, 비합리적이란 의미는 뚜렷한 이유나 선택의 과정 없이 우연히 또는 자동으로 진행된다는 뜻이다. 이에 비해서 판단 또는 합리적 기능(judging or rational function)에는 T(thinking)와 F(feeling)를 배치하였는데, 마음이 대상을 판단할 때 이성적이든 감정적이든 합당한 이유나 원인이 있다는 의미이다. 여기서는 알기 쉽게 '지각'을 '인식'으로 바꾸어 설명하고자 한다.

S(sensing)의 의미는 단순히 감지한다는 것이 아니라, 대상을 있는 그대로 여과 없이 받아들인다는 뜻이다. 주로 우리의 오감을 사용하여 정보를 받아들인다. 이와 반대로 N(intuition) 즉, 직관은 이미 마음속에 가지고 있는 이미지, 관점, 무의식에 잠재된 경향성 등을 통하여 대상을 받아들여서 **빠르게** 인식하는 것이다. 단, 받아들인 대상의 인식에 변형 또는 왜곡이 일어나게 된다. 《Gifts Differing》에서는 S의 유형이 현실 세계에 관심이 많은 데에

비하여 N의 유형은 현실 뒷면의 가능성에 관심이 많다고 하였다. 직관을 통해 대상을 인식할 때 마음속 깊은 곳에 어떤 영감과 확신이 떠오르며 N 유형의 사람에게 이러한 영감은 마치 생명의 숨결과 같다고까지 표현하였다.

E의 특성은 변화하는 외부 세계에 마음이 쏠리는 것이므로, 내면에 연결된 N의 직관 기능보다 대상을 그대로 감지하는 S와 관련이 많을 것으로 생각할 수 있다. 실제 ES 조합의 유형에서 외부 세계에 대한 인식 작용이 매우 활발하게 일어나며, 주로 이 유형들 안에 세상을 있는 그대로 바라보는 소양인들이 많이 속해있다. 이에 비해 IN 조합의 유형에서는, 이미 자기 마음 깊은 곳에 자리 잡은 의식이나 무의식의 요소를 바탕으로 직관 작용이 나타난다. 이때 요소가, 진리에 대한 갈망과 관련이 있다면 T(thinking)의 특성이 나타나 INT의 조합이 되어 여기에 태양인들이 많이 속하고, 사람에 대한 애정과 관련이 있다면 F(feeling)의 특성이 나타나 INF의 조합이 되어 여기에 태음인들이 많이 속하게 된다.

한편 IS와 EN 조합에서는 복잡한 양상이 나타난다. IS 조합의 경우 S의 특성이 자신의 깊은 내면에 있는 취향과 밀접하게 연결되어 있어서, 대상을 세세하고 치밀하며 마치 친밀감을 느끼는 것처럼 인식한다. 이때 얻은 감각은 마음속 깊은 곳까지 바로 와닿는다. 이 조합의 유형에는 소음인들이 많이 속해있다. EN 조합의 유형은 세상의 다양성에 관심이 많지만 직관을 통해 받아들이는 데 직관의 배경에, 사고력이 발달한 ENT 계열의 유형과 사람에 대한 애정이 많은 ENF 계열의 유형으로 나누어진다. EN 조합의 유형에는 태양인, 소양인, 태음인 등 다양한 체질이 속한다.

F(감정, feeling)와 T(사고, thinking)

F(feeling)는 모든 감정에 해당하지 않고 애정을 바탕으로 한 기쁨이나 즐거움을 나타내는 유형 특성이다. 융은 분노나 슬픔의 감정을 긍정적으로 보지 않았는데, 사상의학을 비롯한 동양 전통에서는 희노애락의 4가지 감정에 차별을 두지 않고 공평하게 보고 있다. 옳지 않은 일이나 부당한 대우에는 당연히 분노가 나타나게 되며, 슬픔도 괴로움을 속으로 삭이면서 마음을 정화시키는 기능이 있다. 사상의학에서는 희노애락의 일반적 또는 병리적 감정 모두를 각 체질에 맞추어 다루고 있다.

F의 특성에서 나오는 기쁨과 즐거움은 일반적으로 사람을 좋아해서 나오는 것이며, 사물을 대상으로 할 수도 있다. 참고로 《Gifts Differing》에서는 F(feeling)를, 어떤 대상에 개인적이고

주관적인 가치를 부여하는 것이라고 간략히 설명하였다. 또한 F의 특성에는 애정을 주는 것뿐만 아니라 받으려는 욕구도 포함되어 있는데, 기대에 미치지 못하면 실망하여 스스로 감정을 억제해 버리므로 마치 F의 특성이 없는 것처럼 보일 수 있다. 즉, F(feeling)의 특성을 가진 사람 가운데, 스스로 남들에게 애정이 많지 않고 적극적으로 표현하지도 않는다고 생각하는 경우가 있다. 그러나 현실의 인간관계가 기대한 만큼 따뜻하지 않고 메마르며 거칠게 되면, 자신의 애정도 위축되어 마음속 깊이 들어가 버린다. 이렇게 잠재된 감정은 사라진 듯 보이지만 계속 존재하며 언젠가는 분위기에 따라 회복되므로 주의 깊게 살펴야 한다. 진짜로 F의 특성이 적은 사람은 애정 어린 교감 자체를 별로 기대하지 않고 시도하지도 않는다.

F의 특성을 가진 유형에는 기쁨과 즐거움을 위주로 살아가는 태음인과 소음인의 음인이 주로 해당하는데, ES 조합의 일부 소양인도 포함된다. 소양인은 원래 분노의 감정이 마음의 밑바탕에 있지만, 세상에 대한 관심과 열정이 커지면 사교적으로 바뀌면서 분노는 삶의 긍정적 에너지로 승화되고 사람들을 대하면서 오히려 기쁜 감정이 나타난다. 단, 이때의 기쁜 감정은 오래 가지 못하며 마음 깊숙한 곳에 머물지 않는다.

T(thinking)는 F의 반대 특성으로 감정의 동요가 적으며, 마

음이 외부 대상에 반응할 때 사고를 통하여 판단하는 것을 말한다. 이때 사고는 정답을 찾아내는 논리적 판단뿐만 아니라 사물의 원리와 삶의 지혜에 대한 통찰력까지 포함한다. 즉, 형식적 논리가 아니라 근본적인 진리를 추구하는 능력을 의미한다. 대체로 태양인과 소양인의 양인들이 T의 특성을 가진 유형에 많이 포함되며, IS 조합을 가진 유형 중 ISTJ와 ISTP에는 소음인이 속할 수 있다.

J(판단, judging)와 P(인식, perceiving)

융은 《Psychologische Typen》에서 T(thinking)와 F(feeling)의 특성을 묶어서 판단 기능(judging function)이라 하였고, S(sensing)와 N(intuition)의 특성을 묶어서 인식(지각) 기능(perceiving function)이라 하였다. 브릭스와 마이어스는 MBTI를 개발하면서 융이 상위 분류에서 썼던 J(judging)와 P(perceiving)의 개념을 별도의 지표로 독립시켰다. 이 과정에서 그 의미가 조금 바뀌었다. 《Gifts Differing》에서는 이 지표를, 삶의 방식으로서 우리 주변의 외부 세상을 다루는 태도로 보았다. 이와 비교하면 I와 E의 지표는 좀 더 내면의 움직임과 관련되어 있다고 본 것이다.

우선 융은 큰 범주에서 I와 E를 태도 유형으로 보았지만, 브릭스와 마이어스는 J와 P를 태도 유형으로 보았다. 위에서 설명한 대로 MBTI에 와서 J와 P를 지표로 독립시킨 의미는 융이 관심을 크게 두지 않았던 평상시 현실에 대응하는 태도, 자세, 입장 등을 종합하여 유형으로 설정한 것이며, 심리유형 모델을 폭넓게 분화 설정하여 활용하려는 실용성을 고려한 것이다. 단, 그 결과 J와 P의 특성이 가진 의미는, '판단'과 '인식'이라는 단어가 지닌 원래 뜻과, T와 F 그리고 S와 N의 상위 분류로서의 개념에서 조금 벗어나게 되었다. 예를 들어 '판단'에 속하는 T와 '인식'의 P가 만났을 때 두 가지 특성이 서로 대립하지 않고, 실제로는 개방적으로 사고하는 창의성이 나타나게 된다.

《Introduction to Type》에서는, J와 P는 외부 세계를 대하는 방식의 차이를 의미하는데 J의 유형에 대해서는, 판단 기능을 통해 계획에 따라 규칙적으로 생활하고 매사에 결정지으려 하며 구조적으로 짜여진 것, 변하지 않는 것, 일을 확실하게 마무리하는 것 등을 좋아한다고 하였다. P의 유형에 대해서는, 인식 기능을 통해 유연하고 자연스럽게 생활하고 인생을 통제하기보다 경험하거나 이해하려 하며, 세세하게 계획하거나 확정된 결론을 싫어하고 새로운 정보나 옵션을 찾으며, 그때그때 상황에 따라 임기응변하는 것을 좋아한다고 하였다.

추가로 《Gifts Differing》의 설명을 보면, 융은 외향적 사람들에게서 일부 J와 P의 차이가 있음을 언급하였지만, 내향적 사람들에게서도 이 차이가 있어서 I이면서 외향적 성향이 나타날 수 있음을 몰랐다고 하였다. 따라서 각 유형에서 어떤 기능이 지배적인지를 정확히 확인하는 데에 J와 P의 지표가 필수적이라고 보았다. 즉, 융이 구분한 지각과 판단의 합리적 또는 비합리적 기능(rational or non-rational function)은 어떤 개인의 성격유형을 판단하는 데에 별 도움이 안 된다는 것이다. 예를 들어 I와 F 조합을 가진 사람의 합리적 특성은 은밀하고 미묘해서 인지하기 어려우므로 좀 더 간단하고 쉽게 이해할 수 있는 반응을 살펴야 한다. J-P 지표의 장점은, 쉽게 확인할 수 있으면서도 중요한 특성을 포괄하고 있고, 한쪽으로 편중되어 느끼는 불쾌감을 주지 않는 긍정적 용어로 표현되어 사람들이 잘 이해하고 받아들인다는 점이다. 이 J-P 지표는 융이 《Psychologische Typen》를 출간하기 이전 브릭스가 진행했던 성격 연구 결과에 포함되어 있었다고 한다.

J-P 지표를 종합해서 간단히 설명하자면, J(judging) 특성의 사람은, 주관이 강하여 자신이 가진 생각을 확신하며 마음이 흔들리지 않고, 생각한 것을 실행에 옮겨서 구현하려는 의지력과 다른 사람들을 돕는 책임 의식을 가지고 있으며, 때론 사람들을 선도하면서도 절제된 생각과 행동을 보인다. P(perceiving) 특성

의 사람은, 고집을 부리지 않고 새로운 것을 받아들이는 유연한 태도를 보이며, 다양한 경험을 쌓으면서 열린 마음으로 대상을 관찰하고, 자유롭게 사유하여 정해진 답 없이 문제를 풀어나가며, 주변과 소통하고 피드백하면서 가장 적합한 방안을 궁리하고, 내가 모르는 부분이 아직 이 세상에 있다고 인정하며, 나와 남의 마음이 닫히지 않도록 열어주는 역할을 한다.

MBTI 각 유형 특징

소양인
소음인
태음인
태양인

ISFJ INFJ ESFJ ENFJ
ISFP INFP ESFP ENFP
ISTJ INTJ ESTJ ENTJ
ISTP INTP ESTP ENTP

MBTI and Sasang Constitution Personality
The Concepts and Charactoristics by Types

ISFJ

> 손으로 쓴 편지, 엄지 검지 마지막 제일 어린 새끼손가락까지 털실로 감싸는 따뜻한 손 편지. 포근한 눈 내려 손끝까지 따스해 김 모락모락 피어나는 편지 마지막 세 글자, 어머니…

조합 설명

ISFJ 유형의 핵심은 F(feeling)에 있다. 이 유형에서 F는 단순히 느낀다는 의미가 아니라, 특별히 S(sensing)와 조합을 이루면서 심미적 차원에서 외부 세계의 대상을 향한 애정이 조용하게, 그렇지만 물밀듯이 표출되는 것을 말한다. 이때 애정은 무의식의 밑바닥부터 나오므로 I(introversion)의 특성을 나타낸다. 여기에 흔들리지 않는 J(judging)의 조합이 더해지면서 이 감정은 따뜻한 보살핌에 그치지 않고 애착에 가까워질 수도 있다.

ISTJ 유형보다는 부드럽고 따뜻해 보이는 성격이며(≫ p.65), ISFP 유형보다는 차분하고 간결한 것을 좋아한다(≫ p.57).

> 일상적 모습

마이어스는 《Introduction to Type》에서 ISFJ 유형의 사람은 자신이 중요하게 여기는 사람들의 특이점을 잘 알아차린다고 하였다. 예를 들어, 얼굴 표정이나 음성 톤같이 그 개인만 의미를 가지고 있는 것들의 세부 사항까지 짚어내서 기억한다는 것이다. 이처럼 뛰어난 감각의 배경에는 좋아하는 상대에 대한 깊은 관심과 애정 또는 헌신이 자리 잡고 있다. S와 F의 조합이 나타내는 특징이다. 이때 생기는 친밀감은 자기 내면세계와 이어져 있어서 그 이유를 명확하게 설명하기 어려운데, 그 사람이 조금 불쌍하게 느껴져서 감싸주고 싶은 연민의 감정에 가깝다. 자기 자신도 누군가로부터 이런 보호를 받았을 때 마음이 따뜻해졌던 경험이 있다.

ISFJ 유형의 사람은 F의 특성이 바탕에 있어서 기본적으로 주변 사람에게 친절하고 공손하며, 자신이 속한 공동체 구성원의 요구를 자기 것보다 우선시하고, 남과의 대립을 피하면서 원만한 관계를 유지한다. 보기에 부드럽고 순한 사람이라는 인상을 심어준다. 《Gifts Differing》에서도 배려심과 충성심이 있고 공동의 복지를 중시한다고 하였다. 그럼에도 불구하고 주위의 모두가, 내 희생을 감수하면서까지 보살펴 줄 대상은 아니다. 즉, 가족이라는 이름 때문에 무조건 헌신하지는 않는다.

아픔과 괴로움을 따뜻하게 감싸주는 그 손길…

NA(NERIS Analytics Limited)에서 부여한 별칭은 보호자(defender)인데, 감정이입을 통하여 좁았던 시야가 열리게 되면 나만의 특별한 사람에서 벗어나 보살펴 줄 대상의 범위가 넓어지며, 남을 위해 봉사하려는 마음도 커진다.

가끔 보이는 면

남들과 다투거나 대립하면 불편함을 느끼기 때문에 가능하면 다른 사람의 의견을 수용하고 주장에 따르려고 노력한다. 그 과정에서, 내가 꼭 필요로 하는 것을 남들도 반대로 인정을 해주면 정말 좋겠지만, 그렇지 않을 때는 마음이 점점 힘들어진다. 그렇다고 억지로 나의 입장을 관철시킬 수도 없다.

간혹 어떤 사람이 계속 무리한 요구를 하거나 의미 없는 일을 강요할 때는 비인격적으로 나를 대하는 것 같아 속상하고, 그럴 때마다 결국엔 내가 좀 더 잘해주어야지 하고 마음을 다잡곤 한다.

매우 드물긴 하지만, 오랜 시간 동안 마음속에 스트레스가 쌓여 왔거나, 자신이 아끼는 사람이 자기를 저버렸을 때 갑자기 혼란에 빠지는 경우가 있다. 처음에는 지금까지 노력해 온 헌신과 기여가 소용없어지는 좌절감이 느껴지다가, 나중에는 땅이 무너지는 것과 같은 깊은 두려움이 들기도 한다. 극단적일 때는 비관적이고 부정적인 생각들이 머리에 맴돌고, 자기도 모르게 원망과 불평을 하다가 불쑥 남에게 상처를 주는 말과 행동이 튀어나온다. 이유를 설명할 수 없이 어떤 사람을 무작정 좋아하면서도 그 사람이 애를 먹이면 애증이 널뛰듯이 교차하는데, 마음에 동요가 일어나서 평소답지 않게 흥분하기도 한다. 이 모든 점이 유연하지 않은 J의 특성으로 애정의 감정이 어떤 대상에 집중되기 때문에 나타나는 것이다.

사상체질 성격

소음인의 범주에 속한다(▶ p.215). 소음인은 감정 가운데 즐거움을 주로 느끼는데 이때의 즐거움은 대상에 대한 애정으로부터 출발한다. 마음에 드는 물건을 사용하거나 마음에 드는 사람과 함께 할 때 편안하고 아늑하며 따뜻한 느낌을 받는다. 관념적으로 바라보기만 하는 애정이 아니라 무언가를 같이 하면서 감정을 주고받거나, 손에 쥐고 써보면서 갈수록 익숙해지는 그런 친숙함이다.

소음인은 다른 사람을 보살피고 보호해 주는 과정에서도 즐거움을 느낄 수 있다. 특히 ISFJ의 유형은 기본적으로 상대편에 대한 배려심을 가지고 있어서 더 그렇다. 물론 자신이 가지고 있는 능력의 한계 때문에 많은 사람을 아껴줄 수는 없다. 만약 애착에 대한 강박감을 줄이면 조건 없이 남을 도와주게 되고, 그러다 보면 많은 사람에게 봉사하려는 마음이 생긴다.

소음인의 즐거움은 가끔 기쁜 감정으로 바뀌는데, 예를 들어 마음에 꼭 드는 사람이 자신에게 호의를 베풀거나, 자기 취향에 꼭 맞는 물건을 만나게 되면 갑자기 기쁜 마음에 들떠서 속으로 안절부절못하게 된다. 평상시에는 절대 바꾸지 않고 견고하게 유지하던 자신만의 스타일이 이때 흐트러진다.

바꿀 수 있는 부분

어떤 대상 특히 사람에 대한 애착은 자신과 주변 사람에게 여러 문제를 일으킬 수 있다. 물론 애착을 없애거나 줄이기는 쉽지 않지만, 간접적인 방법으로 세상을 보는 시야를 넓히면 조금 완화될 수 있다. 예를 들어 자신과 스타일이 다른 사람들을 만날 수 있는 기회를 갖는 것이다. 정신적 육체적 피로가 많지 않은 간단한 봉사활동이나 재능기부를 하면 부담이 적고, 또한 같은 사람을 반복해서 만나지 않을 수 있어서 새로운 분위기를 느낄 수 있다. 이렇게 하다 보면 자신의 취향이 하나가 아니라 여러 갈래임을 알게 된다. 되돌려 받는 것에 대한 기대치가 줄면, 반대로 상대방에게 헌신하려는 지나친 책임감도 덜어질 수 있다. 한편 남들에게 친절하게 대하는데 오히려 무시당해서 속상할 때는 속에 감정과 의견을 담아두지 말고 솔직하고 담담하게 말하는 것이 마음을 달래는 데 도움이 된다. 책을 읽고 의견을 나누는 동호회에 가입해서 활동해 볼 수도 있다.

드물지만 마음속에 잔잔한 동요가 일어나는 경우, 나중에 불안감으로 커질 수 있으므로 미리 안정시키는 것이 좋다. 마음을 편하게 만드는 단순 반복의 일을 하는 것도 방법인데, 뜨개질이나 비즈공예 같은 취미, 집 안 청소, 정기적인 가벼운 산책 등이 예가 된다.

ISFP

> 네모난 파미르고원 유목민의 집은 돌과 진흙으로 짓는데 여름에는 시원하고 겨울에는 온기를 지킨다. 집안 작은 아궁이로는 감자를 삶아 먹는다. 뛰노는 아이들 얼굴은 그렇게 해맑을 수가 없다. 아리안이란 말뜻처럼 눈빛이 초롱초롱하고 파란 하늘에서 내려온 것 같다.

조합 설명

I(introversion)와 S(sensing)의 조합을 가진 ISFP의 유형은, 기본적으로 주변의 사람과 사물을 깊이 인식하는 감각을 가지는데, 이 감각은 자기 내면에 있는 마음의 성향과 밀접하게 관련되어 작용한다. 겉으로 잘 나타나지 않을 수 있지만 마음속에 외부

의 대상을 향한 관심과 애정을 품고 있어서 F(feeling)의 특성을 가지며, 한 가지만을 고집하지 않고 다양한 경험을 쌓으면서 스스로 자부심을 느끼므로 P(perceiving)의 특성을 보인다.

ISTP의 유형보다는 사람, 자연, 이벤트 등에 호기심이 있고(≫ p.73), ISFJ의 유형보다는 여러 가지 다양한 일들을 부담 없이 즐기면서 하는 편이다(≫ p.49).

일상적 모습

ISFP 유형의 사람은 기본적으로 자신과 남들에 대한 애정을 품고 있어서 부드럽고, 조용하고, 친절한 성격의 소유자이다. 주변 사람들과 갈등을 싫어하고 자신의 의견이나 가치를 다른 사람에게 강요하지 않는다. 《Gifts Differing》에서도 그때그때 주변의 요구에 늘 대응하려 노력한다고 하였다. 이러한 애정은 마음속 깊은 의식으로부터 나오며, 밖으로는 감각적으로 느끼는 대상과 밀접하게 연결되어 있다. 즉, 좋아하는 사람이나 사물, 상황 등을 직접 대했을 때 따뜻함과 아늑함을 마음으로 예민하게 깊이 느낄 수 있는데, 이러한 점들이 바로 S(sensing)와 F(feeling)와 I(introversion)의 조합으로 나타난다.

새로운 경험들은 내 삶을 안락하고 풍요롭게 해주지…

    P(perceiving)는 이 유형의 핵심으로 다른 특성들에 영향을 미친다. ISFP 유형에서 I와 F 조합의 특성은, 원래 자기 자신을 중심으로 좁은 범위에서 나타나기 쉽다. 예를 들어 자신만의 공간과 시간을 정하는 자유를 소중하게 여긴다든지, 자신이 중요하게 생각하는 가치나 사람들에게만 헌신적일 수 있다. 주변에 사적인 이야기를 잘 하지 않아서 속에 있는 따뜻함과 열정, 장난기 어린 유머를 남들이 알아차리지 못하는 경우가 있다. 새로운 사람과 친밀감을 쌓는 데에 시간이 오래 걸리며, 애정 표현도 겉으로 드러내지 않고 조용한 방식으로 한다. 그럼에도 불구하고 ISFP 유형의 사람은 P의 개방성 때문에 자신이 흥미를 느끼는 경우면 처음 보는 사람을 만나도 즐거운 시간을 보낼 수 있고,

여러 사람과 만나도 피곤하지 않을 수 있다.

또한 ISFP 유형에서 S의 특성은 유연한 P의 영향을 받아 삶의 즐거움과 기쁨을 더욱 느끼게 해준다. 내가 만나는 많은 것들을 가만히 들여다보면 나름대로 멋스러움과 아름다움을 가지고 있고, 그것이 내 안으로 들어와 하나씩 간직될 때 마음은 풍요롭고 편안해진다. 시간이 흘러 지난 경험들을 돌이켜 보면 좋은 기억들로 가슴이 조금 뿌듯해지기도 한다. NA(NERIS Analytics Limited)에서 부여한 별칭은 모험가(Adventurer)인데, 새로운 것에 대한 기대감과 도전 의식을 상징한 것이다. 자연과 모든 생명체의 아름다움, 즉 사람, 식물, 동물에 대한 친화력을 가지고 있고, 사람들과 그들의 삶에 대해서도 흥미를 느낀다. 지금, 이 순간의 경험을 즐기고 조용한 기쁨을 만끽하며 늘 움직이고 숨 쉰다.

가끔 보이는 면

ISFP 유형의 사람은 세상에 대한 관심도 많고 대체로 활동적이기는 하나, 마음속 깊은 곳에 자기만의 영역을 가지고 있어서 어떤 때는 그 틀을 안정적으로 지키고 벗어나지 않으려 한다. 또한 자신의 방식과 공간, 시간 등을 자유롭게 선택하고 싶어 한다. 이러한 점은 겉으로 잘 안 드러날 수 있으며 언뜻언뜻 보이는 정도이다.

 불편한 사람을 계속 만나거나 힘든 상황이 지속되면 결국 물러나게 되고, 엄격한 규칙이나 구조적인 압박에 적극적으로 저항하지 않는다. 복잡하고 논리적인 문제를 회피하거나 대수롭지 않게 여길 뿐이다. 간혹 지나치게 자기 비판적이거나, 주변 사람들의 무반응에 자신이 과소평가 받고 있다고 심각하게 생각하기도 하는데, 평소 마음 한구석에 자신의 부족함에 대한 걱정과 우려가 있기 때문이다. 상대방에게 헌신한 만큼 감사를 받지 못해서 마음이 불안해지기도 한다. 한편 자신이 잘하는 일을 당연하게 여기다가 칭찬을 받으면 오히려 마음속에 자긍심과 자부심이 강하게 올라온다.

 ISFP 유형의 사람은 다른 사람과 친밀감을 쌓는 데 시간이 걸리지만, 일단 친밀해지면 그 관계를 매우 중요하게 생각하고 보이지 않게 헌신한다. 그러다가 매우 드물게 스트레스를 심하게 받게 되면, 특정한 사람에게 비판적이며 가혹하고 부정적인 평가를 내린다.

 P의 특성으로 인해 상황을 관찰하고 지원할 뿐 크게 변경시키거나 지배하려는 욕구가 없으며, 다른 사람들에게도 자신의 경

우와 같은 자유와 관용을 베푼다. 이렇게 유연하고 새로운 상황에 잘 적응하지만 단, 자신에게 중요한 가치가 위협받게 되면 적응을 멈춘다.

사상체질 성격

소음인의 범주에 속한다(≫ p.215). ISFP 유형의 사람은, 내면 깊은 곳에 자리 잡은 경향성에 영향을 받으면서 외부의 대상을 세밀한 감각으로 인식하는 I와 S의 조합을 가지고 있으므로, 기본적으로 소음인에 속할 가능성이 높다. 여기에 F의 특성이 함께 있어서 사람이나 다른 대상과 교감하며 친근함을 느낀다. 이때 개방적이고 유연한 P의 특성이 더해져서 S의 감각은 더욱 깊고 선명해지며, 친근함을 느끼는 대상의 범위도 넓어진다. 이렇게 외부 세계와 접촉이 많아지면 겉보기에 E의 특성을 가진 소양인이나 발이 넓은 태음인처럼 느껴질 수 있다. 하지만 내면에서 나오는 I의 특성은 여전히 지배력을 발휘하고 있다.

P 특성의 영향으로 특정 대상에 대한 애정은 보편적인 것으로 바뀌는데, 실제는 공평한 관심을 동시에 펼치는 것이 아니라, 여러 대상을 차례대로 경험하면서 그때그때 친숙함을 느끼는 양

상으로 나타난다. 이때의 경험은 그 자체로 본인에게 만족감을 주지만, 경험이 쌓여 누적된 컬렉션은 마음을 든든하게 하고 자부심을 느끼게까지 한다. ISFJ의 유형과 비교하면 훨씬 개방적이고 진취적이다.

바꿀 수 있는 부분

ISFP 유형의 사람은 자신이 경험한 것을 소중하게 생각하고 특히 좋았던 기억들에 대해서는 자부심을 느낀다. 남들이 겪어보기 힘든 독특한 것들, 멋있는 풍경과 아늑했던 공간, 나에게 특별히 친절했던 사람들, 모두가 알아주는 중요한 업무 등등 전부 다 내 인생의 앨범에 기록된 보석들로 나를 빛나게 해준다. 이렇게 든든한 뒷배경을 믿고 편안하게 남들과 만날 수 있다.

하지만 남들에게 친절하고 때론 순종적으로 대하는데도, 상대는 아랑곳하지 않고 거칠게 행동하며, 자신의 소중한 것들을 무시하기도 한다. 처음에는 불만이 생기다가 시간이 지날수록 자기 영역이 훼손될까, 걱정되고 나중에는 평소와 달리 사람과 거리감을 두게 된다. ISFP 유형의 사람에게 이러한 심리적 불안정 상태가 자주 나타나지는 않지만, 심해지지 않도록 주의해야 한다. 이러한 불안정한 심리 상태를 해소하고 마음을 안정시키는 방법들 가운데, 외부 활동을 하지 않을 때는 혼자서 조용히 할 수 있는 것을 찾아서 여가를 보내기를 권한다. 예를 들어 독서, 음악감상, 식물 기르기 등의 시간을 가지면 좋고, 종교시설에 가서 차분한 마음으로 기도할 수도 있다. 평소와 같이 외부 활동을 하더라도 사람이 많이 모이지 않은 장소에서 자연, 식물, 동물 등을 관찰하는 것도 좋다.

ISTJ

> 솔솔 불어온 바람이 따가웠던 햇살들을 곱게 쓸어 담아 멀리 개울가 풀섶으로 보낸 어느 저녁 날, 발길에 닿은 돌멩이 살짝 들어보니 개골개골 개구리 울음소리 갑자기 들려오네, 그 옆에 작은 개구리도

조합 설명

ISTJ의 유형에서 I(introversion)와 S(sensing) 조합의 경우, 자신만이 가지고 있는 독특한 내면의 의식 세계를 바탕으로 삶을 살아가면서 외부 세계의 대상을 느끼고 파악하는 감각이 뛰어나다. 여기에 J(judging)가 결합하여 자신의 주관이 강한 편이다. 그런데 T(thinking)의 반응을 나타내므로 논리적 사고를 통하여

일과 사물을 인식하고 다루는 것에 흥미를 갖는다.

ISTP 유형보다는 스스로 정한 시스템에 따라 행동하는 편이며(≫ p.73), ISFJ 유형보다는 감정이 절제되어 보인다(≫ p.49).

일상적 모습

자신에게 맡겨진 일이나 다루어야 할 사물들을 자신이 생각하는 원칙에 따라 질서정연하게 처리하는 타입이다. 《Gifts Differing》에서도 매사에 꼼꼼하고 철저하며 책임감이 있다고 하였다. 이때 자기 내면으로부터 만들어져 나오는 원칙은, 대상을 세심하게 관찰하고 사실들을 명확하게 파악하는 과정 속에서 구체적인 실행 방법의 형태로 드러나게 되는데, 이러한 특성들이 바로 I와 S의 조합으로 나타나는 것이다. 또한 일과 사물에 집중하여 생각하고 행동할 때만큼은 마음이 고요하고 진지해진다.

자신이 파악한 사실들과, 실행의 표준적 절차에 대하여 스스로 믿고 존중하기 때문에 그것을 잘 바꾸려 하지 않는다. 일의 안정성을 중요하게 생각하는 것이다. 이점이 J 특성을 가진 사람의 태도를 보여준다. J의 특성이 나타나는 또 다른 이유는, 정해진 약속대로 일을 완수하려는 책임감이 있기 때문인데, 이것은 장기적으로 주변 사람들에게 신뢰감을 준다. 이때 책임감의 깊은 근원에는 본인과 친밀한 관계로 연결된 사람들에게 잘해주려는 마음이 있다는 점을 기억해 두어야 한다. 그래서 ISTJ 유형의 사람은 겉으로 표현을 잘 안 할 수 있으나, 기본적으로 가족들에게 관심을 많이 두는 편이다.

이용하기 편리하도록 정리되어 있어야 해…

참고로 NA(NERIS Analytics Limited)에서 부여한 별칭은 물류 전문가(logistician)인데 가까운 주변에서는 찾는다면 일 잘하는 도서관 사서를 예로 들 수 있다. 수많은 책의 종류와 특징을 정확하게 파악해서 분류하고 정리하며, 사람들이 편리하게 이용할 수 있도록 입고와 출고를 원활하게 관리한다. 이때 다른 사람들과의 팀워크도 중요하게 생각하는데, 원칙에 맞게 모든 일이 잘 진행되어야 하기 때문이다.

가끔 보이는 면

마음속으로 흥미롭게 느꼈던 경험들을 남에게 잘 드러내지 않는 편이어서 무뚝뚝하다는 오해를 살 수도 있다. 물론 자신과 정말 친한 사람과는 경험과 감정을 조심스레 공유하기도 한다. 자신의 표현뿐만 아니라 자기 욕구와 다른 것을 이해하는 데에 어려움을 느끼는 경우가 있다.

또한 더 나은 결과를 가져올 것이라는 점이 확실히 증명되기 전까지는 자기 생각을 바꾸지 않으므로 고지식해 보일 수 있다. 본인은 스스로 그렇지 않다고 여기지만 남에게 보여지는 면이 그럴 수 있다는 뜻이다.

일을 할 때 함께하는 팀원들이 자기처럼 책임감을 느끼고 꼼꼼하고 정확하게 행동하면 만족스럽지만, 그렇지 않다면 차라리 혼자 깔끔하게 처리하는 것이 낫다고 생각한다. 그래서 중요한 일은 다른 사람에게 맡기기가 꺼려진다.

자기 생각과 다르거나 말이 안 되는 것을 어쩔 수 없는 상황 때문에 해야 할 때는 마음이 편치 않고 집중력이 떨어진다. 남들 모르게 스트레스를 많이 받으면 마음이 조급해지면서 주변 상황을 제대로 보지 못하고 단지 자신이 세운 원칙을 더욱 고수하려고만 든다. 심하면 평소와 달리 갑자기 화를 버럭 내기도 하고 자꾸 다른 사람들의 나쁜 점을 지적하게 된다.

사상체질 성격

소음인의 범주에 속한다(≫ p.215). 소음인은 기본적으로 사람이든 물건이든 자기에게 다가오는 대상을 섬세하게 느끼는 감각(sensing)을 지니고 있다. 특히 자기가 애착을 갖는 대상일 경우는 애틋한 느낌이 마음속 깊은 곳까지 파고든다. ISTJ의 유형도 기본적으로 이러한 특징을 가지고 있다. 단, 나름 논리적으로 판단해서 일을 처리하기 때문에, 남을 위하는 감정이 잘 드러나지 않고 속에 가려져 있을 뿐이다.

소음인이 자기가 흥미를 느끼는 일 또는 대상에 집중할 때는 주변의 어떤 무엇도 눈에 들어오지 않고 그것에 몰입한다. ISTJ의 유형도 눈앞에 벌어지는 일이나 가까운 사물들에 관심을 가지고 그것들을 군더더기 없이 정리하는 것을 좋아하는데, 이때 부지런하게 움직이고 논리적인 원칙에 따라 처리하므로 언뜻 보기에는 음인陰人이 아니라 양인陽人처럼 보이기도 한다. 하지만 이때 원칙은 보편적인 원리에 따라 정해진 것이라기보다 이미 자신이 가지고 있는 내면의 의식 세계로부터 영향을 받은 것이다. ISTJ 유형이 자기 주관대로 행동하는 J(judging)의 특성을 가지는 것도 이러한 영향이 강화되었기 때문이다.

바뀔 수 있는 부분

자신이 세운 확고한 원칙과 자신의 앞에 놓인 명확한 사실들을 바탕으로 다른 사람들에게 도움을 주어야 한다는 생각을, 다른 측면으로 바라볼 필요가 있다. 마음속에 여유를 갖고 책임감을 잠깐 내려놓고서 일이 아닌 자기 자신을 위해서 즐겁고 보람 있는 시간을 보내 보기를 권한다. 마음에 드는 취미를 한 가지 배워서 여가에 활용하는 것도 좋은 방법이다. 여기서 자기를 위한다는 것은 반드시 혼자만 즐긴다는 의미가 아니며, 실제로 시간이 지나다 보면 자연스럽게 다른 사람과 함께 하게 될 것이다. 그 과정에서 긴장이 누그러들면서 자신이 아끼고 좋아하는 사람과 사이가 더욱 돈독해지고 하는 모든 일에서 즐거움을 느낄 수 있다. 스트레스를 받아서 가끔 흥분하거나 생각이 정리 안 되어 혼란스러웠던 순간들도 줄어들게 된다. 예를 들어 요리나 공예 취미를 하면, 직접 만드는 즐거움도 있고 정서적으로 편안함을 느끼며 주변 사람들에게 만든 것을 나누어주어 공감대를 넓히는 장점이 있다. 또한 여행 프로그램을 통해 사람들이 많이 모이는 장소를 다니면서 평상시 지나치기 쉬운 사소한 일상들을 가만히 들여다보면, 마음 깊은 곳에서 인생의 즐거움과 따듯함이 샘물처럼 조금씩 조금씩 솟아나는 것을 느낄 수 있다.

ISTP

> 인간의 가치를 향한 노력은 눈앞의 편의성, 활용성만을 목적으로 하지는 않는다. 사랑, 배려, 온정, 감사의 느낌이 묻어나도록 끊임없이 생각하며 무언가를 만들어 나가는 것이다. 사실 이러한 설명으로도 그 느낌을 온전히 전달하기 어렵다.

조합 설명

ISTP의 유형에서는, 다양한 사물들을 치밀하게 인식하는 감각적 능력이 내면 깊숙한 곳에 간직되어 있고, 이러한 인식을 통하여 대상과 익숙해질 수 있으므로, I(introversion)와 S(sensing) 조합의 특성을 보인다. 한편 고정된 매뉴얼을 계속 따라가기보다 대상과 피드백을 하면서 가장 적합한 상황을 찾아나가며, 그 과정에서 많은 궁리를 하므로, P(perceiving)와 T(thinking)의 특성을 나타낸다.

ISTJ의 유형보다는 유연하게 생각하고 행동하며(≫ p.65), ISFP의 유형보다는 사물에 집중할 때 편안함을 느낀다(≫ p.57).

일상적 모습

ISTP 유형의 사람은 현실의 문제 해결에 관심이 많으므로 대체로 실용성을 추구한다고 말할 수 있다. 활용하기에 불편하거나 효과 대비 비용이 많이 들거나 준비하기 어려운 방안은 아무리 내용이 좋아도 소용이 없다. 그리고 관념적인 해결책이나 그럴싸한 말 한마디보다도 명확하게 결과가 드러나는 것이 중요하다.

또한 눈앞에 보이는 상황 또는 사물을 세밀하게 살피는데 그러한 감각의 능력은 마음속 깊은 곳에 자리 잡은 의식에서 출발한다. 이러한 S(sensing)와 I(introversion)의 특성을 바탕으로 쓸모 있는 성과들을 만들어 내게 된다. 처음에는 대상을 차분히 관찰하다가 파악이 끝나면 신속하게 해답을 찾아나간다. 이때 발휘되는 T(thinking)의 특성은 옳고 그름을 나누는 논리적 판단이 아니라 그때그때 상황에 적합한 답을 찾는 것이며, 주로 반복되는 시행착오를 거쳐서 나오게 된다. T와 S가 만나는 조합이지만 세상에 개입해서 영향력을 미치기 위하여 사고하는 것은 아니다.

사람을 위한 마음이 담긴 명품을 남기기 위해···

NA(NERIS Analytics Limited)에서 부여한 별칭은 거장(Virtuoso)인데, 거장은 사물이나 규칙의 작동 원리를 깊이 인식하고 그것을 활용하여 작품을 만들어 내는 사람을 상징한다. 오랫동안 다듬어져 나온 작품은 보는 이들에게 높은 가치와 품격을 느끼게 해준다. 《Gifts Differing》에서는 물질과 관련된 것을 다루면서 손기술이 있고 응용과학이나 기계 분야에서 두각을 나타낼 수 있다고 하였다.

또한 ISTP 유형의 사람은 한 가지 생각 또는 방법을 처음부터 끝까지 고집하지 않는데, 이러한 점 때문에 P(perceiving)의 특성을 나타낸다. 만약 더 좋은 방안을 찾아내면 그때까지의 방식을 곧바로 폐기하는 데에 주저하지 않는다. 이러한 유연성이 T의 특성과 맞물려 독특하고 대담한 창의성이 나타난다.

가끔 보이는 면

S의 특성으로 대상을 감각적으로 받아들이는데 I의 특성이 함께 있어서, 내면의 의식 또는 무의식으로부터 영향을 크게 받는다. 종종 자기 마음속의 생각에 사로잡히다 보면, 주위로부터 관심을 거두어들이고 다른 사람의 감정과 의견에 주의를 기울이지 않으며, 자신의 결정이 주변에 미치는 영향도 간과한다. 일부러는 아니지만 내면의 결정을 잘 표현하지 않으므로, 처음에는 동의한 것처럼 보이나 나중에 보면 다른 판단을 하고 있는 경우가 많다.

또한 T의 특성을 써서 대상을 다루는 방법을 만들어 나가는 데에 나름대로 논리성을 가지고 있다. 만약 시간적 공간적 제약으로 인해 올바른 방법을 찾기 위한 충분한 시간과 기회가 주어지지 않는다면, 마음에 혼란을 느끼고 무질서하게 행동한다. 이러한 경향은 조급함으로 나타나며 자기 자신이 개선되고 발전하지 않는 것에 스스로 불만을 느낄 수도 있다.

P의 특성은 평소에 다른 사람에게 관대하고 평등주의적인 태도로 나타나지만, 반대로 자신의 원칙이 공격받을 때는 확고하고 명확하게 의사를 표명하여 단호한 태도를 보인다. 더 효율적인 방법을 보면 쉽게 방향을 바꾸므로 내면을 읽기 어렵다. 간혹 다른 사람의 비논리성에 대해 냉소적이고 부정적인 비판을 가하기도 하며, 아주 드물게 분노를 표출할 수도 있는데 그 순간 불안정한 감정 상태가 느껴진다.

사상체질 성격

소음인의 범주에 속한다(▶ p.215). 우주와 인간을 구성하는 사심신물의 구성요소 가운데 소음인은, 물物을 바탕으로 살아가므로 대상에 대한 감각이 뛰어나 S의 특성을 가지며, 그 감각이 마음 깊은 곳까지 연결되어 영향을 받으므로 I의 특성이 함께 나타난다. ISTP 유형의 사람도 기본적으로 소음인에 속한다. 단, TP의 조합으로 창의적이고 유연한 사고를 하는 일부의 소음인이 해당한다. 같은 소음인에 속하는 ISTJ의 유형보다 개방적이고 새로운 시도를 즐긴다.

한편 ISTP 유형에서 T와 P의 특성은 태양인에게 나타나는 것과 차이가 있다. N의 직관력으로 대상에 접근하는 것이 아니라 세밀한 감각을 통해 대상과 친숙함을 느끼게 되므로, S의 특성을 중심으로 주로 사물에 대한 창의성이 드러나는 것이다.

바뀔 수 있는 부분

ISTP 유형의 사람은 IS의 조합으로 내면의 자기 세계가 견고하며, TP의 조합으로 자유롭고 창의적인 생각을 잘한다. 이렇게 보수적이면서 개방적인 양면을 갖다 보니, 상황마다 마음을 읽기 어렵고 함께 일하기도 까다로울 수 있다. 본인도 이러한 성격 때문에 가끔 감정이 불안하게 흔들릴 수 있다.

자신만의 시간과 공간에 집중할 때 다른 사람이 개입하고 제약하는 것을 싫어하며, 자신이 지켜온 원칙이 깨지는 것을 경계한다. 이러한 상황에서 심하지는 않지만, 불안, 불만, 분노 등이 나타난다. 이때는 원래 하던 일을 잠시 놓고 미리 알아둔 자기에게 꼭 맞는 힐링 포인트를 찾아가서 혼자 조용히 시간을 보내는 것이 좋다. 풍경이 아름답고 개방감이 있는 장소도 나쁘지 않으나 아늑하고 편안하며 번잡한 생각이 일어나지 않는 공간이 좋으며, 잔잔한 음악이나 차 한잔을 곁들일 수도 있다.

한편 흥미로운 대상을 발견하거나 몰입할 때 자기도 모르게 흥분하는 경우도 있는데, 생활의 원동력이 될 수 있으므로 큰 문제는 없고, 단 무질서해지지 않도록 주변을 정리 정돈하고 무엇이든 규칙적인 일을 한 가지라도 꾸준히 하면 좋다.

INFJ

> 인간의 역사가 곧 우주의 역사라 할 수 있다. 왜냐면 고통과 역경, 기쁨과 행복, 이 모두 태초에 심어져 있었기 때문이다. 반대로 아무것도 모르는 어린아이 눈동자에도 우주가 있다. 식물의 씨앗처럼 소중하기 때문이다.

조합 설명

INFJ의 유형에서 가장 핵심은 F(feeling)의 특성이며, 남들과 함께 어울리고 좋게 지내려는 욕구와 감정이 밑바탕에 있다. 이 유형의 F는, 무의식 속에 잠재되어 있다가 나오므로 I(introversion)의 특성으로 표현되고, 또한 세상을 인식하는 과정에 강하게 작용하므로 N(intuition)의 특성으로 표현된다. 여기에 더하여 다른 사람이 잘되도록 도우려는 책임감이 있어서 J(judging)의 조합을 가진다.

INFP의 유형보다는 좀 더 다른 사람의 단점을 개선해 주려 노력하고(≫ p.89), ENFJ의 유형보다는 조용하고 정적인 편이다(≫ p.145). 참고로 ISFJ의 유형과 비교하자면, 무뚝뚝하게 보일 수도 있다(≫ p.49).

일상적 모습

INFJ 유형의 사람은 주변의 인간관계에 관심이 많을 뿐만 아니라, 모든 인간은 삶 속에서 애환과 시련, 보람과 환희를 겪게 된다는 사실을 잘 알고 있다. 이러한 관심과 통찰력은 매우 깊어서, 다른 사람들이 미처 알기도 전에 남들의 감정이나 동기를 공감하고 이해하는 경우가 많다. 이러한 특성이 바로 F(feeling)로 표현된다. 《Gifts Differing》에서도 본래 사람들에게 관심을 두기 때문에 마치 외향적인 것처럼 보일 정도라고 하였다.

인생에 대한 통찰은 이미 마음속 깊이 자리 잡은 인간을 향한 애정에서 출발하며, 현실을 접할 때 상대방에게 그대로 적용되므로 I(introversion)와 N(intuition)의 특성을 갖는다. INFJ 유형의 사람이 자기의 통찰을 다른 사람에게 이해시키려면 복잡해서 한마디로 표현하기 어렵고, 그것이 무의식 속에 잠재된 비언어적 마음 상태일 수도 있으므로, 대화 속에 은유와 상징을 자주 사용하게 된다. 이 방법이 듣는 사람에게도 마음을 움직이는 데에 더 효과적일 수 있다.

주여, 순간마다 깨어있고 참된 삶을 느끼게 하소서…

만약 자신이 가진 양심과 정의에 대한 확고한 가치관이 공동의 이익을 추구하는 이상으로까지 확장된다면, 비전을 명확히 정하고 그 구현을 위해 조직을 만들어 이끌 수도 있다. 일반적으로는 만나는 각 개인에게는 격려하며 영감을 주어 동기를 부여하고, 결국에는 성장과 발전이 이루어지도록 돕는다. 스스로 돌아보고 노력하며 깨달아 가는 사람과는 진심 어린 관계를 맺고 헌신한다. 이러한 특성 때문에 NA(NERIS Analytics Limited)에서는 Advocate라는 별칭을 부여하였는데, 옹호자, 지지자, 대변자 등을 의미한다. 또한 매사에 사명감과 책임감 있게 행동하고 정한 일을 추진해 나가므로, J(judging)의 특성이 두드러진다.

가끔 보이는 면

INFJ의 유형은 F(feeling)의 특성이 중심이 되어 사람들이 서로 애정을 주고받는 것에 관심이 있고 자신도 그러한 감정을 깊이 느끼고 있다. 마음 깊은 곳에 이러한 관심과 감정이 오랜 시간 간직되어 삶에 영향력을 발휘하고 있기 때문에 I 특성이 나타나고, 이러한 감정을 통하여 세상을 인식하므로 N의 특성이 나타난다. 이때 강한 애정이 내면에 고착되어 있으면 외부로 잘 표현되지 않으므로, 무뚝뚝하고 무감정하며 심하면 침울한 것처럼 보일 수도 있다. 그러다가 몇몇 사람에게 삶의 의미에 대한 자신의 통찰을 설명할 때면 멘토처럼 적극적으로 조언을 하고 지도하며 보람을 느낀다.

자신이 통찰한 것에 신뢰가 강하지만 평소에는 잘 드러내지 않고 표현도 은유적으로 하는데, 간혹 이러한 자기 확신이 J의 특성으로 인해 남들을 이끄는 카리스마로 밖으로 드러날 수 있다. 이러한 분위기에 젖으면 자기도 모르게 목소리가 커질 수 있다. 논리적 설명을 생략하고 지향점을 강조하는 카리스마는 자칫 교조적으로 비칠 수 있고, 신비주의적으로 보일 수 있다. 또한 내면의 비전을 추구하다 보면 일상생활을 세세한 부분을 놓치고 무감각해질 수 있다.

사상체질 성격

태음인의 범주에 속한다(≫ p.205). 사람의 인생은 결국 인간관계의 연속으로 볼 수 있는데, 인생에 대한 애정과 통찰이 마음의 바탕에 있는 INFJ 유형의 사람은, 우주의 구성요소인 사심신물 가운데 사람 사이의 관계를 상징하는 신身을 중심으로 살아가는 태음인의 체질에 해당한다.

전형적인 태음인은 F의 감정이 내면의 깊은 곳에 자리 잡고 있고, 그 감정을 바탕으로 사람과 인간관계를 인식하므로 I와 N의 특성이 함께 나타나는 경우가 많다. 여기에 INFJ의 유형처럼 J의 특성이 결합되면 상대를 진심으로 돕고 이끌어 주려는 의지가 강해진다. 이에 비해 P의 특성을 가진 INFP 유형에는, 자유롭게 생각하고 행동하는 소수의 태음인이 속한다. 참고로 소음인 체질에 속하는 ISFJ 유형의 사람은 뛰어난 S의 감각을 통하여 상대방과 자신이 친숙한 감정으로 연결된다. 참고로 NF의 특성이 E의 특성과 만나면 ENFJ와 ENFP의 유형에서처럼 사람에 대한 애정이 보편적인 성격으로 확대되는데, 여기에 일부의 태음인이 속한다.

바꿀 수 있는 부분

사람 또는 인생에 대한 통찰이 마음 깊은 곳에서 일어나고 그것이 확신과 믿음으로 표현되는데, 논리적 언어로는 설명하기 힘들 수 있다. 때론 은유적으로 표현하는 것이 많은 의미를 함축하고 있어서 유용하기도 하다. 표현이 번잡하지 않고 요약적으로 되다 보면, 말수가 적어져서 나중에는 진지하다 못해 무뚝뚝하고 심각하며 침울해 보이기까지 한다. 이때는 실제 감정도 무언가에 집착하고 고민이 많아져서 가라앉은 상태일 수 있다. 그러나 태음인으로 사람에 대한 기본적인 애정과 기쁨의 감정을 내면에 가지고 있으므로, 이것이 다시 밖으로 드러나면 밝아 보인다. 자신이 활동하는 분야에서 상담하는 직책을 맡거나, 간단하게라도 자기 노하우를 다른 사람에게 친절하게 설명하는 시간을 많이 가지면 가라앉은 분위기를 끌어올릴 수 있다.

한편 INFJ 유형의 사람은 남을 돕는 책임 의식이 강해지면 카리스마를 갖게 되는데, 간혹 지나치게 교조적이거나 신비주의적으로 된다. 이때는 상대가 자기 말을 잘 따를 것이라는 기대치와 지나치게 남을 이끌고 가려는 노력을 줄이는 것이 필요하다. 시간이 날 때마다 간단한 봉사활동을 자주 하면서 평범하고 보잘것없어 보이는 주변 인생들의 가치를 재확인하고, 다시 초심으로 돌아가 겸손을 되찾는다면 스트레스와 고민이 줄어들 수 있다.

INFP

> 말투가 적극적일수록 거북하고, 생각이 뚜렷할수록 긴장되고, 움켜쥘수록 뿌리치게 되고, 도움이 클수록 부담되고, 기쁘고 흥겨울수록 흔들리고… 그럴 필요 없이 가볍고 단순하게 하지만 지혜롭게, 맑은 바람처럼, 세상을 밝게 비추는 달빛처럼…

조합 설명

INFP의 유형에서 F(feeling)의 특성은, 주변 사람에게 친절하며 상대가 잘되었으면 하는 마음을 나타낸다. 또한 상황이 변하더라도 자신의 성향을 기준으로 늘 한결같이 다른 사람들을 대하므로 N(intuition)의 특성을 가지며, P(perceiving)의 특성도 겸하고 있어서 자유롭게 생각하고 유연한 태도를 보인다. 단

I(introversion)로 표현되는 자기만의 세계가 내면에 있기 때문에, 어떨 때는 F와 P의 범위가 제한적일 수 있다.

INTP의 유형과 비교하면, 논리적 설명보다 경험 속에 느낀 이야기를 잘한다(▶ p.105). INFJ의 유형보다는 다른 사람들의 삶에 개입하지 않으려 하며(▶ p.81), 열정적이고 사교적인 ENFP 유형과는 차이가 있다(▶ p.153).

일상적 모습

INFP 유형의 사람은 내면에 자신이 중요하게 생각하는 가치를 가지고 있으며, 그것을 기준으로 다른 사람과 세상을 바라보므로, I와 N의 조합을 나타낸다. 이때의 가치 또는 이상은 자유롭고 고귀하고 깊은 멋이 있고 조금은 낭만적인 정신적 경지와 관련이 있다. 또한 P의 특성은, 자신이 원하는 경지에 도달하기 위하여 늘 자신이나 주변을 개선해 나갈 수 있는 유연한 태도를 표현한 것이다.

INFP 유형에서 F의 특성은, 어떤 개인에 대한 연민의 마음부터 인간 자체에 대한 보편적 친밀감에 이르기까지 다양한 스펙트

럼으로 나타나는데, 모두 사람을 향하고 있다는 공통점이 있다. 다른 사람을 위하는 마음과 자신이 우러러보는 이상적인 가치가 서로 만날 때, 자연스럽게 타인의 내면적 성장을 위해 잠재력을 발휘하도록 돕게 된다. 그래서 은연중에 주변 사람들의 감정과 심리를 파악하고 복잡한 인간 성격을 탐구하는 것이다. 참고로 NA(NERIS Analytics Limited)에서 부여한 별칭은 중재자(Mediator)인데, 적극적으로 인간관계에 개입하여 매개하고 조정하는 것이 아니라, 주변 사람들의 이야기를 듣고 처한 상황에 대해 조언하다 보면 어느새 좋은 분위기를 만들어 내는, 약방의 감초와 같은 역할을 상징한 것으로 보인다.

쉽고 간단한 조언인데도 마음속에 정말 쏙쏙 들어와…

INFP 유형의 사람은, 진실하고 깊이 있고 상호 성장을 기대할 수 있는 인간관계를 중시한다. 서로의 말 한마디에도 진정성이 느껴져야 한다. 이렇게 만나는 중요한 사람에 대해서는 충실하다. 반면에 평범한 사람을 대할 때에는 친절하기는 하나, 속에 간직한 생각과 감정을 공유하는 데에 조금 소극적일 수 있어서 개인적으로 친해지기 어렵다고 느껴지기도 한다.

   한편 이 유형에서 보이는 P의 특성은 좀 더 나은 방향으로 자신이나 주변 상황을 바꾸어 나가는 태도를 말한다. P의 특성이 두드러지게 된다면 생각이 자유롭고 호기심이 많아지며 새로운 아이디어가 계속 떠오르고, 현재 상황에 얽힌 복잡한 의미와 미래의 변화까지 읽어내고 예측하게 된다. 이러한 능력이 크게 발휘되면 대중들 앞에 직접 나서지는 않지만, 자신보다는 세상에 영향을 주는 일을 꿈꾸며 스스로 추진해 나가기도 한다. 단, P의 특성으로 정해진 규정에 얽매이지 않고 자율적으로 일하는 것을 좋아하지만, 자신이 헌신하는 사람, 일 또는 아이디어와 관련된 의무는 충실히 이행하는 편이다.

> 가끔 보이는 면

이사벨 브릭스 마이어스는 《Introduction to Type》에서 INFP 유형의 사람에 대하여, 자신이 바라보는 이상과 실제 현실과의 괴리, 목표한 것과 실제 성취한 것과의 격차 등으로 스트레스를 받거나 낙담할 때가 있다고 하였다. I와 P의 특성이 두드러지면 추구하는 이상의 목표가 높아지고, F의 특성이 두드러지면 사람에 대한 기대가 커지기 때문이다.

평소 사람들을 친절하게 대하지만 특별히 나아지는 결과는 없는 것 같고, 자기 자신의 처지도 늘 그대로인 것 같아 안타깝고 답답한 느낌이 든다. 이러한 상황이 심해지면 자신이나 다른 사람의 역량을 심각하게 의심하며 지나치게 비판적인 시각을 갖게 된다. 자기 내면의 기준을 상대에게 투영하여 바라보는 N의 특성이 과하게 나타나면, 이 세상에 마음에 드는 사람이 단 한 명도 없다고 느껴진다. 이때 주변 사람에게는 예민하고, 내성적이고, 복잡한 성격으로 보일 수 있다.

실제 마음이 복잡해지면 평소에 중요하게 생각했던 가치가 흔들리거나 안 보이게 된다. 이 상태를 가라앉히기 위하여 외부의 대상에 흥미로운 가능성을 두고 탐색하지만, 별다른 소득은 없다. 마음이 계속 안정되지 못하면 갑자기 흥미로운 일에만 에너지를 폭발적으로 쏟거나, 아니면 폐쇄적으로 되어 자신만 알고 있는 사실이나 생각들을 남과 공유하지 않으려고 한다.

사상체질 성격

여러 사상체질이 INFP의 유형에 해당할 수 있다. 우선 인간에 대한 깊은 애정을 나타내는 F의 특성을 중심으로 하여, 타고난 내면의 감정에 따라 자신과 남의 관계를 쉽게 잘 파악하고 행동한다면 태음인일 가능성이 있다(▶ p.205). I와 N의 특성이 함께 두드러지는 것이다. 그러나 모든 태음인이 INFP의 유형에 들어맞지는 않는다. 자기 고집을 부리지 않고 타인의 입장을 잘 수용하면서 자유롭게 행동하고 이상적인 목표를 추구하는, P의 특성이 뛰어난 태음인이라면 가능하지만, 그 수가 많지는 않다.

다음으로 소음인(▶ p.215)을 살펴보면, 소음인 가운데 N과 P의 특성이 함께 발달해야 하는데, 현실 감각이 무디면서 동시에 개방적인 태도를 보이는 소음인은 매우 드물다.

마지막으로 태양인이 이 유형에 해당할 수 있다(≫ p.189). 보통 태양인은 이상을 추구하면서 논리적인 사고를 잘하는데, 만약 INFP의 경우처럼 T보다 F의 특성이 더 두드러지게 나타난다면, 이러한 태양인의 논리성은 정답을 찾아내는 계산력이나 판단력이 아니라 다른 사람들에게 도움이 되는 삶의 지혜를 제시하는 통찰력일 수 있다. P의 창의적 특성도 이러한 통찰을 돕는다. 태양인 가운데 주변 사람들에게 친밀감을 가지고 있는 경우로, 역시 그 수가 많지는 않다.

바꿀 수 있는 부분

만약 INFP 유형의 사람 자신이 보기에, 중요하게 생각하는 가치나 이상을 현실에서 찾기 어렵고 만들어 내기도 힘들다면, 방향을 돌려서 다른 사람의 내면을 들여다볼 필요가 있다. 평소에 타인의 심리를 잘 관찰하므로 그리 어려운 일은 아니다. 혹시 마음에 들지 않더라도 상대의 처지를 좀 더 이해하면서 조언을 자주 해주면 자신도 스트레스를 덜 받고 답답함도 누그러진다.

미래의 상황을 예측해 보는 것도 좋다. 암울한 현실이 당장 바뀌지는 않겠지만, 하루하루 지나면 어느덧 계절이 달라지듯 조용하게 나타나는 변화를 기다려 보는 것도 좋은 방법이다. 또한 시나 소설을 간단히 써볼 수도 있다. 자신과 다른 사람의 성격을 관조하면서 인간의 보편성을 성찰하는 데에 문학만큼 좋은 것이 없다. 실제 INFP 유형에 속하며 작가 활동을 했던 이사벨 마이어스는 《Gifts Differing》에서 이 유형의 사람들은 언어 감각이 있다고 하였다. 그 밖에 무엇이든 규칙적으로 외부 활동을 하면, 생활의 리듬을 찾을 수 있고 마음의 안정도 찾을 수 있다.

INTJ

어느덧 가을이다. 잠자리 날고 마당에 붉은 고추 널린, 시골 집 처마 밑 너른 평상엔 감, 밤과 찐 콩, 땅콩, 간식 파티다. 심심풀이 손이 가고 두런두런 이야기꽃, 오늘은 입이 바쁜 날… 이 그림이 조물주의 설계도인가 보다.

조합 설명

INTJ의 유형은 내면에 논리적 사고 구조를 가지고 있으며 그것을 통하여 세상을 곧바로 인식하므로, I(introversion)와 T(thinking)와 N(intuition)이 결합된 조합의 특성을 가지고 있다. 창의성은 T(thinking)의 과정에서 드러나며, 자신이 생각한 이미지를 현실 속에서 구현하려는 의지가 강하므로 J(judging)의 특성이 나타난다. 이때의 이미지는 시각적인 것이 아니라 오히려 보이지 않는 원리에 가깝다.

INTP의 유형보다는 마음속에 형성된 생각에 대한 신념이 강하며(≫ p.105), ENTJ의 유형보다는 혼자서 작업하는 시간이 많다(≫ p.161). 참고로 ISTJ의 유형과 비교하자면, 상상력이 풍부한 편이다(≫ p.65).

일상적 모습

INTJ 유형의 사람은 내면에 세상을 바라보는 자신만의 관점을 가지고 있으며, 이 관점은 매우 창의적이다. 세상을 있는 그대로 보기보다는 뒷면에 존재하는 원리나 이데아에 대한 호기심이 있으며, 여기에 T의 특성이 발휘되면서 창의적인 결과물이 나오게 된다. 만약 생각을 멈추고 매일 똑같은 지루한 일상을 살게 한다면, 타고난 창의성은 억눌러지고 못 견디게 괴로워할 것이다.

자신의 관점을 바탕으로 외부 대상의 패턴을 빠르게 읽어내는 N의 직관이 발달하였고, 나무를 보기보다 숲 전체를 보는 것처럼, T의 사고를 통하여 멀리 그리고 미래를 내다보는 계획을 세울 수 있다. 이때 추상적이고 복잡한 문제를 종합적으로 해결하기 위하여 합리적이고, 냉정하며, 객관적으로 사고한다. 이렇게 생각해 낸 결과에 대하여 자기 확신이 강하므로, 이미 세상에 확립된 권위나 대중의 의견과 관계없이 자신의 인식과 판단, 통찰력을 신뢰한다. 《Gifts Differing》에서는 여러 유형 가운데 가장 독립적이며 자부심이 강하다고 하였다.

보라, 이 완벽하고 아름다운 창조물을…

INTJ 유형의 사람은 비전과 아이디어를 현실에서 구현하고자 하는 강한 의지가 있어서, 구체적인 방법론과 치밀한 실행 전략을 세운다. 이러한 특성이 J로 표현된다. NA(NERIS Analytics Limited)에서 부여한 건축가(Architect)의 별칭도, 정해진 설계도에 따라 목표하는 건물을 완성해 나가는 특성을 상징한 것이다.

때론 사람들을 조직해서 일을 과감하게 추진하기도 하므로, 종종 많은 사람 가운데 리더십이 요구되는 역할을 맡기도 한다. 자신이 추구하는 목표가 높을수록 남들의 지식과 능력에 대한 기대가 크며, 그러한 기준을 가지고 자기와 주변 사람들을 비판적으로 평가하기도 한다. 또한 전략 실행에 방해가 되는 무지, 혼란, 비효율 등을 매우 싫어한다.

가끔 보이는 면

INTJ 유형의 사람은 내면에 가지고 있는 생각에 대한 확신이 강하고 또한 그것을 현실에서 구현하려는 의지가 있어서, 주변 사람들이 보기에 고집이 세다고 느낄 수 있다. 자신이 소중하다고 생각하는 가치나 창의적인 결과물을 남에게 표현할 때도 일상적인 언어로 쉽게 설명하기보다 전문적인 용어, 공식, 도면 등을 활용하므로 이해하기 어렵다. 구체적인 실물로 드러나기 전까지 그 관점이나 아이디어는 현실과 동떨어진 추상적인 것처럼 보이며, 실제로도 세밀함을 놓치는 경우가 있다.

혼자 한 결정을 먼저 남에게 이야기하지 않으며, 대중적인 논의에 참여할 때도 어려움을 겪는다. 자기 행동이 다른 사람에게 미칠 영향에 둔감하고 칭찬에 인색하며, 친밀한 관계를 맺기 어려워 차갑다고 느껴질 수 있다. 자신의 비전을 추구하는 데에 한결같은 마음으로 굽히지 않으며 이해 못 하는 사람들을 비판하기도 한다. 명확한 증거와 근거가 제시되는 때에 이르러야 자신의 생각을 쉽게 바꾼다. 이렇게 계속 다른 사람의 견해나 감정을 무시하다 보면 대인관계에 어려움을 겪을 수 있다.

사상체질 성격

태양인일 가능성이 높다(≫ p.189). 내면 깊은 곳에 자신만의 아이디어 또는 그 아이디어를 만들어 내는 정신세계가 이미 존재하고 있고, 그것의 지배를 받아 외부 대상을 인식하는 직관이 형성되며, 자기 확신을 바탕으로 아이디어를 현실 속에 구현하려는 강한 의지를 지니고 있다. 태양인 가운데 창의적인 결과물을 만들어 내고 싶어 하는 부류이다. 이에 비하여 INTP 유형에 속하는 태양인은 끊임없이 사고하며, ENTP 유형에 속하는 태양인은 끊임없이 세상과 상호 소통한다. 또한 INTJ 유형의 사람은 결과물의 도출에 관심이 많은 데 비해 실제 현실에 대한 세밀한 감각은 부족한데, 그만큼 관념적인 사고가 발달한 것이다.

INTJ 유형에 속하는 태양인 중에 간혹 소음인처럼 보이는 경우가 있다. 그 이유는 일반적으로 소음인이 자신의 라이프사이클을 깨지 않으려 하는데, 정해 놓은 계획에 따라 마무리 짓는 것을 좋아하는 INTJ 유형의 J 특성이 이와 유사해 보이기 때문이다. 이때는 J 특성 이외에 사고의 논리성과 보편성, S 특성의 유무 등 드러나지 않는 부분을 잘 살펴보아야 한다.

한편 소수의 소음인이 INTJ 유형에 속할 수 있는데(≫ p.215), T(thinking)의 특성이 매우 발달한 경우이다. 단, 태양인과 비교하여 자신이 만들어 낸 것에 애착이 많고 쉽게 고치려 하지 않는다. 또한 스트레스를 심하게 받을 때 일상의 사소한 일에 관심을 돌려 집착하는 행동이 나타날 수 있다.

바뀔 수 있는 부분

창의적인 결과물이 만들어지는 데는 종합적 사고력뿐만 아니라 풍부한 상상력도 필요하다. 생각이 경직되어 있으면 상상력도 줄어든다. 따라서 INTJ 유형에서 J의 특성이 강하면 T의 창의성이 약해질 수 있다. 또한 자신이 만든 결과물에 대해 확신과 애착이 커지면 안 바꾸려는 경향이 나타나므로 고집스럽게 보일 수 있다. 이때는 현실과의 거리감을 줄이고 강박관념에서 벗어나 사고를 유연하게 하는 방법을 찾아볼 필요가 있다. 예를 들어 예술 작품을 감상하거나 어떤 대상을 주제로 해서 자신이 직접 작품을 만들어 보는 것이다. 기본적인 창의성과 현실 구현의 의지가 밑바탕에 있으므로 가능하며, 반드시 사고를 통해서만 창의력을 발휘하는 것은 아니다.

또한 자신이 생각해 낸 것을 다른 사람들을 위해 말로 설명해 보는 것도 좋다. 이야기를 나누는 자리를 갖거나 에세이를 쓰는 것이다. 이해하기 쉬운 언어로 설명하다 보면 남들과 소통의 기술이 는다. 글이든 말이든 언어로 자주 표현하면 자신을 되돌아보게 되고, 남을 향하던 비판의 화살이 무디어져 독선적인 마음이 줄어들 수 있다.

❧❧❈❧❧

INTP

140억 년의 시간과 지름 1,000억 광년의 우주에서 그 끝자락까지 적용되는 원리는 똑같고, 인간 군상의 삶도 모두 그 위에서 벌어진다. 서로 독립된 생명체끼리 마음이라 불리는 것이 통할 수 있는 이유도 우주의 원리 때문이다.

조합 설명

INTP의 유형은 세상을 바라보고 판단할 수 있는 논리적 사고 구조를 가지는데, 이때의 논리는 진리를 찾아나가는 도구 역할을 한다. 또한 사고의 타당성에 대한 자기 확신도 강하다. N(intuition)과 T(thinking)와 I(introversion)의 조합이 이러한 특성들을 설명해 준다. 또한 자신이 지금까지 찾은 진리가 옳고 영원불멸한 것은 아니므로 항상 열린 마음으로 대상을 관찰하고 자유롭게 사유하는 P(perceiving)의 특성을 가지고 있다.

INFP 유형의 사람과 비교하면, 질서정연하게 논리적으로 설명하는 것을 좋아한다(≫ p.89). INTJ의 유형보다는 사물을 원리적으로 설명하기 좋아하며(≫ p.97), ENTP의 유형보다는 조용히 관조하고 사색하는 편이다(≫ p.169).

일상적 모습

이 세상에는 반드시 '진리'라는 것이 존재하며, 진리는 단 하나이고 변하지 않는다고 하는 생각을, INTP 유형의 사람은 원래 마음속에 가지고 있다. 이러한 특성이 I로 표현된다. 진리에 관심을 두다 보면 눈앞에 보이는 명백한 현실 너머에 있는 다른 무언가를 찾게 되는데, 그 대상이 손에 잡히는 것이 아니므로 생각을 통해 알아낼 수밖에 없다. 따라서 세상을 있는 그대로 보는 것이 아니라 사고와 판단이 가능하도록 대상을 분석하게 된다. 이러한 특성이 T로 표현된다. 논리적 사고를 통해 진리를 찾아나가며, 이렇게 알아낸 진리는 다시 논리적으로 설명할 수 있다. 여기서 논리는 논리학의 추론과 논증뿐만 아니라 넓은 의미의 통찰력을 포함하며, 이를 통하여 추상적인 것도 이론화하여 표현 가능하다. 《Gifts Differing》에서는 모든 유형 중에서 가장 심오하고 지적이라고 하였다.

떨어지는 사과에 대우주의 원리가 들어있었다니…

최종적으로 진리를 찾기 위해서는 끊임없이 지금까지의 통념을 부정하고 자기 생각도 점검을 해봐야 하므로, 매사에 비판적이고 회의적인 경향이 있다. 자기 자신에게도 엄격한 편이다. 그러나 이러한 과정을 통하여, 이미 널리 퍼진 지혜나 지식에 포함되지 않는 새로운 결과를 도출해 내므로 뛰어난 창의성을 보여준다. P의 특성이 발휘되는 것이다.

NA(NERIS Analytics Limited)에서 부여한 별칭은 논리학자

(Logician)인데, 이때의 논리는 형식적인 사고의 틀이라기보다, 대상을 바라보는 빠르고 깊은 통찰력에 가깝다. 그래서 아이디어, 이론, 사물의 작동 원리 등에 강렬한 호기심이 발동했을 때는, 조용히 그리고 정신을 집중해서 대상을 관찰하며 평소보다 말수가 줄어든다. 혼자 자유롭게 생각하는 시간이 많으며, 외부의 통제를 받지 않으려 하지만, 사회 속으로 들어가 자신이 내린 결론을 활용하는 것을 근본적으로 회피하려고 하지는 않는다. 단, 사람들이나 상황을 조직하거나 운영하는 것을 선호하지 않는다.

가끔 보이는 면

INTP 유형의 사람은 보통 때 조용하고 내성적인 것처럼 보이지만 속으로는 깊고 많은 생각을 하고 있으며, 자신이 관심 있고 견해를 가진 분야에서 이야기할 기회가 생기면 활기차고 적극적으로 변한다.

일반적이고 일상적인 일들은 대체로 받아들이고 간섭하지 않으며 관대한 편인데, 상황이 합리적이지 않다고 판단될 때는 논쟁하고 문제를 제기한다. 자신과 다른 입장이나 의견을 잘 들어주는 편이지만, 원칙에 어긋나고 잘못된 결과로 이어질 우려가 있으면 이러한 유연성은 사라진다.

　남들과 의사소통할 때 상대의 정확성과 명확성을 중요하게 보며, 당연한 내용을 반복해서 말하는 것을 싫어한다. 지능과 역량을 중시하므로 지능과 역량이 낮은 사람을 무시하는 때도 가끔 있다. 논리적이지 않다는 이유로 남들이 중요하게 여기는 것을 등한시하다 보면 공감과 공유에 대한 감수성이 점점 떨어져서, 다른 사람의 사정이나 정서적 표현에 무감각해지게 된다. 또한 다른 사람이 지금 잘못 판단하고 있고 앞으로도 개선되지 않을 것이라고 생각되면, 어느 순간부터는 비판적이고 냉소적으로 되며 심하면 공격적인 말과 행동을 하기도 한다.

　INTP의 유형에서 나타나는 분노는 갑작스럽고 폭발적으로 일어나는데, 평소에 차분하고 냉철하다고 보았던 주변 사람들에게는 아주 낯설게 느껴질 수 있다. 세상과의 불화가 오래되면 분노가 속에 쌓이면서 자신을 스스로 고립시키고, 사소한 일상의 일들을 잊어버리거나 책임감이 떨어져서 필요한 행동들을 미루게 된다.

사상체질 성격

태양인의 범주에 속한다(▶ p.189). 태양인은 눈앞에 드러나는 현상을 보기보다 그 이면에 있는 원리의 세계에 관심이 많은데, 사상의학에서는 이것을 사事라고 한다. 이때 원리는 단순히 물리학이나 화학의 법칙 같은 것이 아니라, 옳고 그름의 판단으로 얻어지는 진리에 가까우며 한편, 좋은 세상을 만들고 좋은 사람이 되려는 목표와 연결된 궁극의 가치 지향점이라고도 말할 수 있다. INTP 유형의 사람이 가진 T의 특성은 단지 논리적으로 사고하는 능력을 넘어서, 자신이 생각하는 이상을 구현하기 위해 끊임없이 원리 또는 진리를 추구하는 강한 의지력까지 포함하고 있다.

진리는 시험문제의 답안처럼 명료하게 언어나 수식으로 표현할 수 있는 것이 아니라 매우 추상적이고 함축적이다. 따라서 정해진 틀에 얽매인 생각으로는 찾을 수 없고, 자유롭고 유연하고 창의적인 사고를 통해서 얻을 수 있다. INTP의 P가 이러한 특성을 의미한다. 이렇게 사고하다 보면 생각이 끝없이 펼쳐져서, 과장하면 우주의 경계 너머까지 도달할 정도이다.

INTP 유형의 경우, 비록 F의 특성이 부족해서 남을 따뜻하게 대하지 않거나 자기가 남들로부터 외면을 당해도 크게 아쉬워하지 않지만, P의 특성이 이러한 부족을 대신해서 채워주고 있다. P의 탁 트이고 시원하고 얽매이지 않는 특성 때문에, INTP의 유형은 뜨겁고 정열적인 느낌보다는 낭만적이고 멋있고 이상적인 사람을 좋아하고 그런 사랑을 꿈꾸게 된다.

　　한편 태양인이 크게 화를 내는 경우가 있는데, 자신이 생각해 오던 세상을 현실 속에서 만들기 위해 노력하다가 간혹 함께하던 사람이 다른 뜻을 품고 있거나 방해하는 행동을 하면, 갑자기 격한 분노를 표출한다. INTP의 유형도 이러한 경향이 있어서 주변 사람들이 당황하게 된다.

바꿀 수 있는 부분

　　답을 알아내기 위하여 생각을 집중하거나 목표한 일을 계속 추진하다 보면, 마음이 조급해지고 조금 과격하게 행동할 때가 있다. 그리고 자신이 내린 결론이 무조건 맞고, 다른 것은 잘못되었다고 생각하는 독선이 보일 때도 있다. 이럴 때는 명상을 통하여 꼬리를 물고 일어나는 사고의 흐름을 잠깐 잠재울 필요가 있다. 명상은 눈을 감고 자리에 앉아서만 하는 것이 아니라 일상생활을 하는 가운데에서도 할 수 있다. 주변과 자기 마음속에 일어나는 것들을 차분히 관조하는 것으로도 충분하다.

분노의 조절도 마찬가지이다. 화를 억지로 참으면 속에 쌓여 있다가 언젠가는 다시 강하게 올라온다. 그보다 제삼자가 되어 분노하는 자신을 관찰하고, 화를 내는 이유도 냉정히 생각해 보면, 감정을 굳이 억누르지 않더라도 그것이 다른 사람에게 해를 끼치지 않으며 오히려 도움이 될 수도 있다. INTP 유형의 사람이 마음을 잘 조절하면 몸도 건강하게 유지되어 오랫동안 큰 병을 피할 수 있다.

ESFJ

사람처럼 다루기 힘든 존재는 없다. 그래서 열 길 물속은 알아도 한 길 사람 속은 모른다는 말도 있다. 하지만 사람으로서 사람을 내버려 둘 수는 없다. 그들도 나도 모두 따뜻한 마음 한구석을 가지고 있기 때문이다. 누가 가르쳐주지 않아도 사명과 책무 같은 것이다.

조합 설명

ESFJ의 유형은, 외부 세계에 마음이 끌리면서 현실 감각이 뛰어나서 활동적인 특성을 가진 E(extraversion)와 S(sensing)의 조합을 가지고 있지만, 내면에 존재하는 관심과 애정이 주로 사람을 향하면서 자신은 절제된 생각과 행동을 흩트리지 않으므로

F(feeling)와 J(judging)의 조합을 나타낸다.

ESFP의 유형보다는 열정이 안으로 잠재되어 있고(≫ p.121), ENFJ의 유형보다는 자신을 낮추고 다른 사람을 먼저 배려하는 마음이 크다(≫ p.145).

일상적 모습

ESFJ 유형에서 F(feeling)는 사람과 공동체에 대한 한없는 애정과 동질감을 표현한다. 이 세상에 한 사람도 없이 나 혼자 존재한다면 얼마나 외롭고 불행할까를 생각해 보면, 사람만큼 소중한 것이 없고 남들에게 잘해주는 것이 곧 나 자신을 행복하게 만드는 길이라는 점을 잘 알게 된다. 특히 가족과 동료 집단 속에서 이러한 도움과 협력은 빛을 발하고, ESFJ 유형의 사람은 소속감을 느낀다.

또한 이 유형의 J(judging) 특성은, 자기 마음속에 정해 놓은 규칙과 인간관계 속의 매너를 지키는 것으로, 감사와 절제의 의미도 담고 있다. 다른 사람을 조금 도와주었다고 해서 자만하거나 자랑스러워하지 않고 겸손하며, 늘 흐트러짐 없이 성실하고 꾸준하게 상대방을 대하는 태도이다. 사소한 것도 포기하지 않고 끝까지 완수하며, 제시간에 정확하게 일을 끝내기를 좋아한다. 이러한 태도는 매우 양심적이며 남들도 그렇게 느낀다. 한편 변화보다는 안정과 안전을 중시하고, 새로운 경험을 찾기보다 익숙한 일상을 편안하게 느낀다.

아이고, 선생님은 늘 친절하시구, 고마워요…

일반적으로 E(extraversion)는 외부의 대상에 마음이 끌리는 것을, S(sensing)는 눈앞의 상황을 있는 그대로 받아들이는 것을 의미한다. ESFJ 유형의 사람은 E와 S 조합의 특성에 따라, 다양한 많은 사람을 만나서 그들의 이야기에 관심을 기울인다. J의 특성으로 급격한 변화를 꺼리는 편임에도 불구하고 광범위한 활동과 새로운 만남을 마다하지 않는다. 《Gifts Differing》에서도 낯선 사람의 경험에 관심을 갖는다고 하였다. 이렇게 만나서 자기 의견을 말하지 않고 이야기를 들어주는 것만으로도 상대는 편안해진다. 이러한 상호 작용을 통해서 활력을 얻으며, 주변 사람들이 따뜻함과 고마움을 느낄수록 본인도 더욱더 보람을 얻고 일에 몰입한다.

NA(NERIS Analytics Limited)에서 부여한 별칭은 영사(Consul) 인데, 남을 돕는 일에 사명감을 갖고 부지런히 움직이며, 경거망동하지 않고 점잖으며, 사교적이고 배려를 잘하는 한편 매너와 위트가 있는 캐릭터를 상징한다. 이렇게 공동체 안에서 서로 위해주고 감사의 마음을 주고받을 때, ESFJ 유형의 사람이 꿈꾸던 이상 세계는 바로 그 자리에 있게 된다.

가끔 보이는 면

ESFJ의 유형에서 E와 S의 조합은 외부 세계의 대상을 있는 그대로 인식하면서 마음이 대상 쪽으로 쏠리는 것을 의미한다. 여기서 대상은 주로 F의 특성과 관련된 사람에게 해당한다. 여러 사람을 만나서 그들의 이야기를 듣고 공감하고 이해하다가 가끔은, 각자의 특별한 상황을 일률적인 패턴에 맞추어서 기계적으로 받아들이고 있는 자신을 발견하게 된다. 그리고 시간이 오래 지나면 감각이 무디어져서 공감의 폭이 줄어들 수도 있다.

또한 ESFJ 유형에서 F 특성은 J의 영향을 받는데, 사람을 향한 따뜻하고 배려심 깊은 애정이 절제된 태도 속에서 안정적으로 나타난다. 그런데 종종 절제가 지나쳐서 완벽주의로 바뀌면 자기검열의 양상을 보인다. 타인의 요구를 다 수용하지 못하고 비난받을까 우려하며, 자기 능력을 의심하면서 미리 죄책감을 느낀다. 남들 앞에서 의도치 않은 모욕을 당하는 상황을 상상하면 끔찍해진다. 이러한 걱정들을 스스로 쓸데없다고 생각하지 않고, 내면에 있는 양심의 목소리로 여긴다.

한편 공동체 속에서 모두가 양심적으로 협력하여 함께 잘 사는 세상을 만들기를 바라다가, 간혹 전체적인 조화를 위해 통제력을 행사할 때가 있다. 이때 주변의 무관심과 비협조로 상처받으면 갑자기 사람들을 비난하는 언행을 할 수 있다. 그러나 얼마 안 지나 후회하고 자책하기도 한다.

| 사상체질 성격 |

　소양인일 가능성이 높다(≫ p.197). 기본적으로 ES의 조합을 가진 유형에 소양인이 속할 가능성이 높다. 특히 소양인 가운데 사람에 대한 애정이 강해 감싸 안으려 하고, 한편으로 양심과 절제력을 가지고 여러 사람을 언제나 공평하게 대하려 하는 사람이 ESFJ의 유형에 속한다. 소양인이 가진 원래의 특성 중에서 규범과 룰을 지키면서 공정하게 일을 하려는 경향과, 자신과 코드가 맞지 않아도 밀치지 않고 포용하려는 경향이 모두 강하게 나타난 결과이다.

　또한 태음인 가운데 공통적인 F의 특성을 가지면서, 자신의 내면세계에 집착하지 않고 가능한 여러 사람과 교감하면서 대가 없이 도우려는 극히 일부의 사람이 ESFJ 유형에 속할 수 있다(≫ p.113). 원래 태음인에게 나타나기 쉬운 I의 특성이 내면에 잠재되어 있거나 J의 책임감으로 바뀌어 나타나는 것으로 보인다.

바꿀 수 있는 부분

ESFJ 유형의 사람은 매사에 긍정적이고 사교적이며 남들을 잘 도와주는 성격이지만, 절제된 매너가 간혹 스스로 경직되게 만들기도 한다. 일률적인 패턴으로 사람을 대하다 보면 지나치게 사무적으로 될 수 있으며, 주변도 자신도 서로 공감의 폭이 줄고 만남에 흥미를 잃게 된다. 이러한 매너리즘에서 벗어나려면, 작은 것에서 느끼는 행복감을 다시 찾거나 반복되는 일상생활을 바꾸어 보는 것이 필요하다. 예를 들어 알려진 관광지가 아닌 평범한 지방의 어느 곳을 정해서 여행을 떠나는 것도 좋다.

또한 완벽주의가 가져오는 자기검열이나 걱정, 의심, 죄책감 등을 떨쳐버리기 위해 자신을 스스로 감싸고 아껴주는 너그러움이 필요하다. 때론 도움을 주기보다 남에게 받고 나서 감사함을 느껴보는 것도 좋은데, 시간이 날 때 간단한 만들기 취미를 배우거나 자기 계발의 동호회 활동에 참여하면서 다른 사람들에게 도움을 받고 감사할 기회를 자주 얻는 것이다.

ESFJ 유형의 사람이 어떤 조직을 운영하다가 인간관계가 안 좋아지면, 소양인의 경우는 피해의식이 생길 수 있고, 태음인이라면 머리가 복잡해지고 고민이 많아진다. 이때는 지위나 역할을 떠나서 함께 어울려서 할 수 있는 일이나 이벤트를 기획해 보는 것이 좋다.

ESFP

> 원래 하나라는 전설처럼 빛과 어둠은 동전의 양면이 되어 떨어질 수 없고, 그 틈새는 날카로운 칼날이 되어 무엇이든 베어내네. 언제나 베는 건 어둠, 베이는 것 빛의 몫… 하지만 칼끝 너머로 낮은 허밍 들리네, 빛도 어둠도 아닌

조합 설명

ESFP의 유형은, 색색 가지 다채로운 이 세상을 호기심으로 바라보는 S(sensing)의 특성과 그것들에 반응하면서 나 자신을 표현하고 싶어 하는 E(extraversion)의 특성이 결합하여 있다. 또한 이 유형의 F(feeling)는 다른 사람과 소통하는 순간에 느껴지는 벅찬 기쁨을 표현한다. 단, F의 뒷면에는 한없이 가라앉아

멈춰버리는 반대 경향이 있는데, 이 경우 지나치게 내면으로 감정이 흐르지 않도록 P(perceiving)의 특성이 열어주는 역할을 한다. 왜냐하면 ESFP의 유형은 폐쇄된 공간에 홀로 남겨지는 것을 견딜 수 없기 때문이다.

ESFJ의 유형보다는 활달하고 열정적이며(≫ p.113). ESTP의 유형보다는 감정의 표현이 풍부하다(≫ p.137).

일상적 모습

ESFP 유형의 사람은 외부 세계를 관찰하여 받아들이고 그것에 마음이 쏠리면서 끊임없이 반응한다. 사람이나 일뿐만 아니라 자연, 동물, 식물, 음식, 옷 등등 많은 것을 접하는 것만으로도 즐겁다. 매일매일 눈앞에 펼쳐지는 세상과 삶이 계속 바뀌어도 흥미를 잃지 않으므로 늘 순간순간을 살고 있다. 이러한 점들이 E와 S와 P의 특성으로 표현된다.

또한 F의 특성을 가지고 있어서 마음이 따뜻하고 세심하고 공감을 잘하며, 낙관적이고 관대하고 설득력이 있으며, 어느 순간엔 열정적이기도 하다. 새로운 사람을 만나서 이야기하고 새로운 상황에 뛰어들어 경험을 쌓는 것에 주저하지 않으며, 대상과 소통하는 것 자체로 기쁘다. NA(NERIS Analytics Limited)에서 부여한 별칭은 연예인(Entertainer)으로, 만약 주변의 많은 사람이 나의 의견이나 역량, 기술, 재능 등을 보고 호응하며 칭찬하면 기분이 뿌듯하며 가슴이 터질 것 같다. 정말 연예인처럼 재밌고, 장난기 있고, 사교적이고, 재주 좋고, 눈썰미가 있고, 두뇌 회전이 빠를 때도 있다. 《Gifts Differing》에서도 예술적 감각이 있다고 하였다. 또한 자신의 능력을 최대한 발휘하여 다른 사람들의 관심을 자기에게 모아 이끌고 나가는 것을 잘한다.

기쁨과 감동으로 모두가 하나 되는 이 순간을…

이론 공부보다 실천과 상호 작용을 통해서 많은 것을 배우며, 정확하고 빠르게 습득해 나간다. 미리 계획하지 않는 것을 좋아하고 그때그때 적절하게 대응하는 순발력이 좋고, 자신의 그러한 처리 능력을 신뢰한다. 정해진 틀이나 규범, 지루한 일상을 싫어하고, 유연하고 자발적으로 새로운 사람과 환경에 적응하면서 사는 것을 즐기는데, 이때 번거로움은 최소화하고 즐거움을 최대로 얻는 방법을 쉽게 터득한다. 즐거운 삶을 뒷받침하는 물질적 여유를 원하고, 자기의 소유물을 소중하게 여긴다.

가끔 보이는 면

ESFP 유형의 사람은 외부 세계에 강하게 마음이 쏠리는데, 사물에 대해 애착을 느낄 뿐만 아니라 사람과 하나로 소통하는 순간에도 감동을 느낀다. 그러나 이로 인한 즐거움에 계속 빠지다 보면 감각적 욕구에서 벗어나지 못하게 된다. 욕망은 온전히 채워질 수 없고 늘 빈 공간이 생기기 때문이다.

공허함이 심해지고 외부의 대상을 통해 마음을 채우려 하다 보면 주의가 산만해지고 간혹 충동적으로 행동한다. 계획된 일정을 무시하고 지나쳐 버리며, 일상생활 중 기본적으로 해야 하는 일들을 등한히 할 수 있다.

마음속에 쌓인 스트레스를 해소하지 못하면 그 상황을 고통으로 느끼고, 시간이 지나면 고통은 두려움과 슬픔으로 바뀐다. 그 과정에서 평소와는 다른 돌발적인 행동을 하기도 한다. ESFP 유형의 사람은 남다른 재능을 갖고 있으며 상황에 대처하는 센스와 순발력이 있는데, 이러한 재능이 제대로 인정받지 못하거나 불공정하게 무시를 당하면 마음에 충격을 받게 되고, 처음에는 화가 나다가 나중에는 깊은 좌절감을 느낀다. 또한 감성이 풍부한 대신 논리적 사고가 쉽지 않으므로, 좌절에서 벗어날 수 있는 상식적인 방법을 찾지 못하고 자신에 닥친 상황과 주변 사람들을 회피하게 된다.

사상체질 성격

소양인의 범주에 속한다(≫ p.197). ES의 조합으로 대표되는 소양인 가운데 감성이 매우 풍부하고 활달하며 열정적인 성격을 갖고 있다. 새로운 사람, 물건, 분위기 등을 만나서 마음에 들었을 때 기쁨을 느끼며, 이것이 반복되면 재미와 즐거움이 된다. 소양인은 원래 분노가 많은 체질이다. 반면에 기쁨은 태음인에게 많이 나타나며, 즐거움은 소음인에게 많이 나타난다. 그런데 ESFP 유형의 사람은 P의 자유로움과 F 감성의 만남으로 분노가 마음속에 감추어져 있다. 감춰진 분노는 깊은 슬픔에 빠질 때 함께 나타난다. 따라서 이때의 슬픔은 겉으로는 고요해 보이지만 실제는 매우 격한 감정이다. 또한 ESFP 유형의 사람이 느끼는 기쁨과 즐거움은, 태음인과 소음인의 그것과 본질적으로 다르다. 대상과 소통의 순간 느껴지는 해방감 비슷한 것으로, 마음속 깊은 곳에서 나오지 않으며 시간이 지나면 쉽게 사라진다.

한편 ESFP 유형의 사람은 고립되는 것을 싫어하는데, 고립감이 심하면 공황장애가 나타날 수 있다. 평소에는 P의 특성이 작용하여, 지나치게 내면으로 감정이 흘러가지 않도록 마음을 열어주어서 두려움을 없애는 역할을 한다.

바뀔 수 있는 부분

많은 사람과 하나로 소통하는 순간 느끼는 벅찬 감정과 환희는 오래갈 수 없다. 그런 기회가 자주 있지 않기도 하지만, 시간이 지날수록 자연히 그 감각이 무디어지기 때문이다. 좋았던 기억은 그렇지 못한 현실과 대비되면서 마음을 더욱 공허하게 만든다. S의 특성을 지녀서 빈 마음을 감각적 욕구로 채우기 쉬운데, 이것도 일시적 만족에 불과하다.

또한 소양인 가운데 ESFP의 유형은 평소에 분노가 적게 나타나는 편이지만 여전히 마음 밑바탕에 깔려있다. 이 분노와, 공허함의 못 견딤이 만나서 격한 슬픔으로 바뀌는 순간이 있다. 보통 슬픔은 잔잔한 감정이지만 이 유형에서 나타나는 슬픔은 매우 격해서 심한 고립감과 공황장애 등으로 변하고, 심하면 자신의 몸과 마음을 파괴할 수도 있다.

마음의 빈 곳을 채우는 방법이 특별히 정해져 있지는 않으나, 소소한 행복을 만들어 가는 것도 그 하나이다. 실제 자신의 노력이 들어간 만큼 정직하게 나타나는 결과를 통해서 행복감을 느낄 수 있다. 행복감을 얻는 속도도 늦추어서 천천히 하고, 마음으로 느껴지는 감정을 가만히 여러 번 곱씹어 본다면, 그 진실한 행복은 쉽게 사라지지 않을 것이다. 아이들과 함께하는 재능기부나 식물, 동물 기르기 등이 좋다. 아직 성장하고 있는 아이들과 어울려 즐겁게 지내다 보면 소소한 행복을 느낄 수 있고, 무언가를 기르는 취미도 생명체와의 소통을 통해 삶의 소중함을 다시 생각해 볼 수 있는 것이다.

ESTJ

최근 대두된 사회 경제 양극화로 상위 10% 소득점유율이 꾸준히 상승하고 있고, 비정규직 복지도 정규직의 1/3 수준이다. 중소기업 생태계 활성화와 사회 안전망 강화를 위해, 동반성장 지원 예산을 늘리고 GDP 대비 복지 지출을 OECD 평균인 20%보다 높여야 한다.

조합 설명

객관적인 세계는 거짓이 없다는 믿음을 갖고 있어서 E(extra-version)의 특성을 보이며, 눈앞의 대상을 있는 그대로 받아들이려고 하는 S(sensing)의 특성이 함께 나타난다. 또한 이렇게 인식한 세상이 빈틈없이 시스템대로 움직일 수 있도록 구상하고 그것을 실행에 옮기려고 노력하므로 T(thinking)와 J(judging)의 조합을 갖추고 있다.

　ESTJ 유형은, ESTP의 유형이 유연하게 현실의 변화에 대처하는 것에 비하여 좀 더 원칙을 가지고 상황을 관리하려고 하며(▶ p.137), ESFJ의 유형이 사교적인 데에 비하여 좀 더 진지하고 엄격할 수 있다(▶ p.113). 참고로 ESFP와 비교하면, 서로 반대인 것처럼 보이는 면들이 많지만(▶ p.121), ES 조합의 공통점을 가지고 있다.

일상적 모습

　ESTJ 유형의 사람은, 세상이 우리에게 보여주고 있는 것을 가감 없이 있는 그대로 파악해서, 효율적으로 정리하고 계획대로 처리해 나가면 누구나 행복하고 삶이 윤택해질 수 있다고 생각한다. 반대로 근거 없는 믿음이나 막연한 추정에 따라 움직인다면, 마음속에 감정의 동요가 일어나 갈팡질팡하고 일 처리도 우왕좌왕하게 된다.

　ESTJ 유형의 사람은, 눈앞에 존재하는 대상의 가치와 양을 정확히 측정하고 정해진 기능과 역할에 따라 그것들을 조직하여 운영하는 데에 능숙하다. 이때의 S(sensing)는 인식한 이후에 사고하고 판단하기 편하도록 기준 단위별로, 또는 이미 정한 개념별로 맞추어 받아들이는 작용이다. 사람, 물자, 자본, 기술 등의 자원을 획득하고 관리하며 유통, 소비하는 데에는 복잡한 방식과 체계가 필요한데, 이를 개발하고 구현할 수 있게 하는 것이 T(thinking)의 특성이다. NA(NERIS Analytics Limited)에서 부여한 경영인(Executive)이라는 별칭은 이상과 같은 ESTJ 유형의 특징을 상징적으로 표현한 것이다.

ESG 경영으로 지속 가능한 발전을 이룹시다…

또한 J(judging)의 특성을 가지고 있어서, 한번 결정한 사항에 대하여 흔들림 없이 단호하게 실행으로 옮기며, 강인하게 추진한다. 비효율적인 요소는 과감하게 없애며 일을 남김없이 제시간에 마친다. 그리고 다른 사람도 본인의 스타일 대로 생각하고 행동해 주기를 기대하는데, 이에 부응하는 사람들하고는 일을 할 때나 휴식을 취할 때나 즐겁게 잘 지낸다. 평상시의 생활도 일할 때의 모습과 크게 다르지 않다.

한편 《Gifts Differing》에서는 ESTJ 유형의 사람이 호기심이 많아서 새로운 것들을 좋아한다고 하였는데, 이는 P(Perceiving)의 특성에 의한 것이 아니라, 감각으로 느낄 수 있는 대상들에 마음이 쏠린 결과이다.

가끔 보이는 면

ESTJ 유형의 사람은 ES의 조합을 가지고 있어서 외부 세계에 마음이 끌리면서 대상을 가감 없이 있는 그대로 받아들이려 한다. 한편 TJ의 조합으로 인하여 빈틈없이 사고하고 정해진 계획과 원칙을 신뢰하는 경향을 보인다.

객관적 대상으로부터 정보를 얻어 사고하고 도출한 결론에 대해 믿음이 강하므로, 어느 순간에는 지나치게 엄격하고 교조적으로 된다. 세부 사항에 까다롭게 파고드는 만큼 절차나 규칙을 정확히 따르지 않는 사람을 참지 못한다. 주변 사람들은 그러한 기세에 압도될 수 있다. 의사소통을 명확히 하고 직설적인 것은 좋으나 상대방에 대한 감수성이 떨어져 사람이 차갑게 느껴지기도 한다.

눈앞에 존재하는 대상의 가치와 양을 정확히 측정하고 정해진 기능과 역할에 따라 그것들을 조직하여 운영하는 데에 능숙하다. 이때의 S(sensing)는 인식한 이후에 사고하고 판단하기 편하도록 기준 단위별로, 또는 이미 정한 개념별로 맞추어 받아들이는 작용이다. 단, 이 과정에서 미세한 뉘앙스 차이를 놓치는 맹점이 나타나 실제 현실과 아주 작은 오차가 발생하거나, 섬세함을 느끼는 사람들과 소통이 안 될 수 있다. 예를 들어 빨간색을 바라볼 때 표준 색조 코드값으로는 인식하지만, 매혹적인 입술 같고 가시 돋친 장미 느낌의 빨간색이라는 표현은 마음에 와닿지 않는 것이다.

한편 주변으로부터 스트레스를 받아 S의 인식 능력과 T의 사고 능력이 저하되면, 잘못된 결정을 미리 성급하게 내리거나 극심한 소외감으로 괴로움과 절망감에 빠질 수 있다.

사상체질 성격

소양인의 범주에 속한다(≫ p.197). 외부 세계에 관심이 많고 대상을 보이는 대로 잘 인식하는 소양인은 대체로 ES 조합의 유형에 속한다. 단 ESTJ 유형의 사람은 소양인 중에서도 체계적인 사고력과 단호한 의지력을 가진 사람이다. 반면에 F와 P의 특성을 가진 다른 소양인들은 대체로 논리적 토론보다는 감성적 공감을 선호하고, 기존의 주장을 견지하기보다 새로운 가능성을 쉽게 받아들이는 경향이 있다. 일반적으로 소양인은 시스템을 체계적으로 구축하고 정해진 규칙을 잘 따르기 때문에 사무적인 일에 능한데, ESTJ 유형에 속한 소양인이 특히 그런 성향이 강하다.

ES 조합을 가진 다른 유형들과 비교하면, ESTP 유형에 속한 소양인은 개방적이어서 현실과 부딪치면서 문제를 해결하려 하며, ESFP 유형에 속한 소양인도 사람들과 소통하면서 행복감을 느낀다. ESFJ에 속하는 일부의 소양인은 사교적이면서 스스로 절제하고 매너를 지킨다. 한편 ES 조합은 아니지만 사고력이 매우 발달한 ENTP 유형에 속하는 소수의 소양인이 ESTJ 유형의 사람과 유사해 보일 수 있다.

바꿀 수 있는 부분

ESTJ 유형의 사람은 세상을 감성적으로 보기보다 객관적이고 명확한 사실에 기반하여 왜곡 없이 받아들이기를 원한다. 단, 현실을 평가하고 분석하여 신뢰할 만한 결론을 도출하도록 정확성을 기할 뿐이며, 미세한 감각의 차이 즉, 뉘앙스는 별로 중요하게 보지 않는다. 다른 사람과 소통할 때 이러한 뉘앙스의 차이를 이해하기 어려워 공감이 잘 이루어지지 않는다. 감성이 발달한 사람은 그가 지나치게 직설적이고 사무적이며 딱딱한 성격이라고 느낀다. ESTJ 유형의 사람은 소통의 문제에 직면해서, 소외감을 느끼고 심하면 절망하며, 마음이 더욱 조급하고 괴로워질 수 있다.

이럴 때는 취미 생활이 필요하고, 일정한 규칙과 도구를 활용하면서 동시에 감각에 민감한 취미를 고르면 좋다. 예를 들어 이미 정해진 레시피 그대로 요리를 해보는 것이다. 자의적으로 바꾸지 않고 절차에 따라 요리해서 정직하게 맛이 나면 만족감을 느낄 수 있다. 특히 일상적이 아니라 지인들과 함께하는 특별한 모임의 용도로 요리하면 좋다. 사진 촬영도 좋은 취미가 될 수 있다. 도구를 갖추고 기술을 배워서 그대로 실행하다 보면, 점차 사진 속의 구도를 알게 되고 인물들의 표정과 감정이 눈에 들어

오기 시작한다. 진정으로 자신과 세상이 소통하는 첫걸음이 될 수도 있다.

ESTP

> 차가 한쪽으로 쏠리거나 떨리면 자동차 하체의 서스펜션 고장이 틀림없다. 예방을 위해 평소 요철이 심한 도로에 갈 때 속도를 줄이거나, 정기적으로 차량 하부를 세척하고 먼지가 쌓이지 않도록 해서 부품의 수명을 늘리면 해결된다.

조합 설명

ESTP 유형에서는, 눈앞에 펼쳐지는 세상에 마음이 끌리는 E(extraversion)의 특성과, 감각의 특성인 S(sensing)가 결합하여 적극적이고 활동적인 성격이 나타난다. 이때 S는 주변 상황을 드러난 그대로 객관적으로 인식하는 능력을 말하며, IS 조합의 S에서 감각이 마음속 깊이 전해지는 상황과는 차이가 있다. 이 유형에서 P(perceiving)의 특성은 다양한 현실을 유연하게 수용해서 정해진 답 없이 열린 상태로 행동하는 것이며, T(thinking)의 특성은 현실의 문제를 해결해 나가는 자기만의 판단 방법을 가지는 것이다.

ESTJ의 유형보다는 직접 발로 뛰는 것을 좋아하며(≫ p.129), ESFP의 유형보다는 끈기가 있고 추진력을 가지고 있다(≫ p.121).

일상적 모습

ES 특성을 가진 유형의 사람에게 보여지는 이 세상은 아기자기하고 흥미로우며, 무언가 도전해 보고 싶은 세계이다. 사람뿐만 아니라 일, 문화, 자연 등등을 접하다 보면 항상 새롭고, 그 속에서 느끼고 생각하고 행동할 때 내 삶은 생동감을 얻게 되며 나 자신도 살아있음을 실감한다.

살다가 만나게 되는 문제들에 대해서도 여러 가지 시도를 하다 보면 결국 답을 찾게 되고, 토론과 논의보다는 실제 행동을 통해서 문제를 해결해 나간다. 결국에는 자신만의 노하우를 터득하는데 바로 T의 특성이 드러나는 것이다. 그리고 미리 답을 정해 놓지 않는다는 점에서 또한 P의 특성을 갖는다. 문제를 만나서 해결하고 다시 문제를 마주하는 반복들이 마치 줄타기 곡예 같은데, 이것을 《Gifts Differing》에서는 'Art of living'이라 표현했다. 이렇게 걸어온 삶의 역사를 스스로 사랑하고 자부심을 느끼기도 한다.

이 문제는 현장에서 바로 해결하는 것이 좋아···

한편 자신이 축적한 노하우를 하나의 시스템으로 만들어 운영하여, 어려운 일을 쉽게 처리하고 좀 더 즐겁게 일하려고 한다. 시스템을 만드는 과정에서 논리적 분석과 추론에 뛰어나며 이러한 점이 또한 T의 특성으로 표현된다. 이렇게 시스템과 표준을 정해서 따르는 편이지만, 이것은 P의 특성을 가지고 있어서 언제든 상황에 따라 수정 보완될 수 있다. 계획한 일이라고 해서 무조건 고집하지 않으며, 반대로 주어진 상황에 적합한 계획이 아니면 신뢰하지 않고 실행하지도 않으므로 보수적으로 느껴질 수도 있다. 그때그때 수완 있게 대응할 수 있는 능력을 중시하는 편이다. NA(NERIS Analytics Limited)에서 부여한 별칭은 기업가(entrepreneur)인데, 현실과 부딪히면서 문제를 해결해 나가고, 노하우를 축적하여 규칙을 업그레이드해 나가는 인물의 성격을 상징한 것이다.

또한 일할 때나 휴식을 취할 때나, 내 삶의 순간에 함께 할 수 있는 사람, 내 느낌과 생각을 공유할 수 있는 사람, 바로 그들과 어울려 즐기면 행복해진다. 이때 물질적 편안함과 멋스러움은 이러한 분위기를 뒷받침하는 기본적인 조건이 된다.

가끔 보이는 면

ESTP 유형의 사람은 E의 특성으로 인하여 마음이 늘 밖으로 쏠리는데, 그에 비하여 주변 사람들이 자신이 하는 일에 제대로 호응하지 않고 무시하면 스트레스가 쌓이고, 시간이 지나면 자기만의 논리로 사람들을 비판하거나 갑자기 소통을 중단해 버린다.

또한 외부의 사물이나 일, 사람에 대하여 있는 그대로 받아들이는 S의 특성이 T의 사고 능력과 제대로 결합하여 발휘되지 못하면, 자신의 감각적 욕구를 일시적으로 만족시키는 데에 치우치게 되어 의무감보다는 자기 삶의 즐거움을 우선시할 수 있다. 공적인 사무와 개인적 휴식의 경계가 모호해지는 것이다. ESTP의 유형은 T의 특성을 통하여 변화하는 상황과 조건에 임기응변으로 잘 대응하며 시스템을 구축하여 효율적으로 문제를 해결하는데, 만약 사고력과 논리력이 부족해지면 외부로부터 들어오는 정보들을 원칙을 가지고 일관성 있게 처리하지 못하게 되므로, 판단의 오류가 발생하여 명확한 대처 방안 없이 일을 그르치게 된다.

평상시에 ESTP 유형의 사람은 새로운 변화를 유연하고 긍정적인 자세로 받아들이며 답을 미리 정하지 않고 현실 속에서 문제를 해결해 나가는데, 만약 자유로운 분위기가 가로막히고 행동에 제약이 발생하면 감정의 동요가 일어나 자신의 주장을 강하게 내세우거나 갑자기 주변의 접근을 차단하고 스스로 고립시킨다. 주변의 여러 관계를 탐색하던 세밀함도 사라지고 정해진 약속을 어기기도 한다.

사상체질 성격

소양인의 범주에 속한다(≫ p.197). ESTP 유형의 사람은 무한한 가능성과 다양성을 보여주는 세상을 관찰하고 경험하면서 맞닥뜨린 문제들을 해결해 나가는 것에 재미와 보람을 느끼는데, 바로 대부분 소양인이 가지고 있는 ES 조합의 특성을 보여준다.

같은 소양인 중에서도 ESTJ 유형의 사람은 객관적 사실에 대한 신뢰가 강해서, 현실을 계측하고 개념화하여 정해진 시스템에 따라 분석하면 미래 변화를 예측할 수 있고 많은 변수와 돌발적인 상황을 통제할 수 있다고 생각한다. 그에 비하여 ESFP 유형의 사람은 자유분방한 인생을 살며, 논리적인 판단보다는 다른 사람들과 마음이 통하는 순간의 환희로부터 삶의 원동력을 얻는다. ESTP의 유형은 ESTJ와 ESFP의 중간 정도의 특성을 가진다고 볼 수 있다.

얽매이지 않고 멋있는 인생을 추구하면서도 한편으론 영리하게 사고하여 자신만의 살아가는 방식을 가지고 있다. 마음을 위주로 행동하되 규칙과 룰을 중시하는 소양인 특성을 보여준다.

> 바꿀 수 있는 부분

늘 예기치 못한 일을 맞닥뜨려서 어려움을 헤쳐 나가는 데에 보람을 느끼므로 일을 해결하는 자기 능력을 과신할 수 있는데, 평소 다른 사람의 이야기를 조용히 경청하는 습관을 들이면 독선에 빠지는 실수를 줄일 수 있다. 따라서 의사 결정의 거버넌스를 항상 논의와 토론을 통하도록 구성하며, 정해진 규칙에 따라 운영하는 것이 필요하다.

개방적인 성격으로 왕성하게 활동하는 도중에 다른 사람이 자신의 노력과 의견을 받아들이지 않고 무시하면, 처음에는 절차에 따라 대응하다가 나중에는 속으로 분노가 일고 갑자기 대화를 중단한다. 또한 추진하던 일이 여러 장애로 가로막혀서 스트레스가 심해지면 마음이 혼란해지고 돌발적인 행동을 하게 된다. 이때는 잠시 흐트러진 라이프사이클을 다시 복원하는 것이 중요하다. 일정표를 다시 짜고 손쉬운 일부터 규칙적으로 시작한다. 이렇게 생활이 안정되면 사람들을 대하는 매너도 다시 좋아지고 일 처리도 체계적으로 된다.

일로부터 일탈할 때 가끔 감각적이고 흥미로운 대상에 빠지는 경우가 있는데, 평소에 낭비를 싫어하고 절제를 잘하므로 크게 문제가 되지는 않으며, 예술이나 문화 활동을 취미로 가지는 것이 좋은 대안이 될 수 있다.

ENFJ

> 돌아가신 부모님은 야단을 많이 치셨다. 공부는 안 하고 맨날 놀러만 다니냐, 나는 문제아였다. 그런데 가끔 데리고 시장에 가서 과자와 떡볶이를 사주셨다. 신기한 건, 성공해서 어느새 나이 먹은 지금 귀에 꽂힌 말씀은, 천천히 먹어라, 일찍 자라, 차 조심해라…

조합 설명

ENFJ의 유형은 다양한 주위 사람들의 삶에 관심이 많으며 각각에 맞추어 인간애를 보여주므로 E(extraversion)의 특성을 나타낸다. 이러한 행동의 이면에는 사람을 좋아하는 타고난 감정이 자리 잡고 있으며, 조금의 망설임도 없이 감정 그대로 반응이 나타나므로 F(feeling)와 N(intuition)의 조합이 바탕이 된다. 또한 책임감을 느끼고 사람들을 이끌고 나가는 역할을 하므로 J(judging)의 특성을 가진다.

INFJ의 유형보다 활동이 많을 수 있으며 여러 사람을 꼼꼼히 챙겨주는 편이다(≫ p.81). 참고로 ENFP의 유형과 비교하면, 부드러운 카리스마가 있고 진중하게 보이며(≫ p.153), ENTJ의 유형보다는 사람에 대한 따뜻한 마음을 속에 더 간직하고 있다(≫ p.161).

일상적 모습

ENFJ 유형의 사람은, F(feeling)의 특성이 있어서 사람에 대한 따뜻한 마음을 가지고 있고 인간적이며 화기애애한 분위기를 좋아한다. 다른 사람에 대한 통찰력도 뛰어나 상대방의 감정, 욕구, 동기 등에 민감하며, 공감 능력도 있고 상황에 따라서는 사교적이기도 하다. 만약 사람들의 요구가 사회 규범과 충돌할 때는 사람을 먼저 선택한다.

E(extraversion)의 특성으로 인하여 세상일에 대한 관심이

많으며, 특히 F의 특성과 결합하여 어느 개인의 삶을 들여다보고 그와 가깝게 교감하려는 방향으로 마음이 흘러간다. 따뜻함과 통찰력을 가지고 있어서 상대방이 보기에는 호감이 가는 성격이다.

우리 가족을 보살피고 이끈 당신, 바로 오늘의 주인공···

이처럼 ENFJ 유형의 사람은 겉으로 보기에 개방적이고 친절하게 행동하지만, 마음속에는 자기만의 독특한 관점과 세계관을 가지고 있다. 이러한 점이 N(intuition)의 특성으로 나타나는 것이다. 인간관계에서 옳고 그름, 선함과 악함 등에 대한 판단 기준을 이미 의식 속에 가지고 있다. 단, 자신이 가진 이러한 생각들은 외부와 접촉하는 과정에서 구체화 되므로 표현과 결정에 시간이 걸릴 수 있다. 《Gifts Differing》에서는 일 처리가 늦는 경향이 있다고 하였다.

ENFJ 유형에서 N의 특성은 행동으로 이어져 J(judging)의 책임감으로 나타난다. 인생을 어떻게 살아야 하는지 대략적인 기준을 가지고 있고, 내 주변의 사람도 그렇게 살기를 바란다. 그러다 보니 상대방을 지원하고 격려한다. 영감을 주어서 잠재력을 발휘하도록 돕는 촉매 역할을 하고, 공동체 속에서 자연스럽게 조화를 만들어 내며, 서로 간 모호한 관계나 상황을 마무리하기 위해 노력한다. 이러한 리더십은 강하게 사람들을 이끌고 나가는 것이 아니라, 저절로 따르게 만드는 부드러운 카리스마의 촉진자(Facilitator) 개념에 가깝다. 시간이 지날수록 사람들은 이러한 리더에게 매력을 느끼고 감사하게 생각한다. NA(NERIS Analytics Limited)에서 부여한 별칭은 주인공(Protagonist)인데, 사람들에게 인정받는 순간의 모습이다. 본인도 이러한 인기를 감사하게 생각하고 자부심을 느낀다.

가끔 보이는 면

ENFJ 유형의 사람은 사람들을 만나 그들과 교감하는 것에 마음이 쏠리므로 E의 특성이 나타나지만, 반면 F와 관련된 내면의 자기 세계가 뚜렷하여 그것이 N과 J의 특성으로 드러난다.

마음 깊은 곳에 있는 사람에 대한 애정과 기대는 자신의 전반적인 생각과 행동에 영향을 미친다. 다른 사람과 잘 교감하여 따뜻한 인간애를 느낄 수 있으면 좋겠으나, 만약 갈등이 생기면 속으로 걱정하고 자신을 의심하며 심하면 죄책감을 느낀다. 물론 겉으로 상대를 탓하기도 한다. 자신이 아끼는 사람과의 의견 불일치나 충돌을 용납하기 어렵고, 남들과 조화를 원하는 욕구가 강해질수록 고집스럽고 통제력이 강한 것처럼 비추어지기도 한다. 또한 자신을 향한 비판에 민감하여 그것이 실제든 아니면 상상에서든 견딜 수 없다.

다른 사람이나 공동체를 위해 자기 생각이나 감정을 억제하다가 스트레스를 받으면, 평소처럼 논리적으로 판단하지 않고 개인적인 가치에 따라 결정을 내리며, 다른 사람에 대한 비난과 부정적인 생각이 많아지고, 일할 때 세부 사항을 놓치거나 무시해 버린다.

사상체질 성격

우선 태음인일 가능성이 있다(≫ p.205). 마음속 깊이 자리 잡은 사람에 대한 애정을 바탕으로 대상을 인식하는, F와 N의 조합이 기본적으로 태음인에게 많이 나타난다. 또한 내면의 의식이나 무의식 속에 있는 애정의 원형이 생각과 행동에 영향을 미치는 경우가 많아서 I의 특성도 같이 나타나기 쉽다. 그런데 ENFJ의 유형에서는, 만나는 사람들에게 마음이 쏠려서 좋은 관계를 맺으려 하므로 I보다 E의 특성이 두드러지고, 사람들을 책임지고 도우려는 J의 특성도 함께 있다. 따라서 태음인 중에 숫자가 많지 않은 외향적인 사람이 여기에 속할 수 있다. 참고로 I의 특성을 가진 INFJ의 유형은 태음인의 범주에 속한다. P의 특성을 가진 ENFP의 유형은 소양인이 많은 가운데 일부의 태음인도 속할 수 있다.

한편 소양인 가운데 S의 특성 대신 N의 직관력이 뛰어난 소수의 사람이 ENFJ 유형에 속할 수 있다(≫ p.197). 특히 사람에 대한 애정과 관련된 뚜렷한 자기 세계가 존재하는 경우가 해당한다. 반대로 소양인이 많은 ESFJ 유형에는 일부의 태음인이 속할 수도 있다.

바뀔 수 있는 부분

가지 많은 나무에 바람 잘 날 없다는 말과 비슷하게 ENFJ 유형의 사람은, 자신이 하는 생각과 자신이 이끌어 가는 관계들로 인해 걱정이 많을 수 있다. 전체적인 조화를 추구하다 보면 갈등에 민감해지고, 남모를 책임 의식과 함께, 문제가 발생했을 때 스스로 자책을 자주 하게 된다. 이때는 외유내강의 부드러운 카리스마를 유지하는 것이 중요하다. 안으로 흔들림 없는 마음을 갖는 것이다.

외부의 상황에 마음이 쏠리지 않도록 마음 조절이 필요한데, 평소에는 혼자서 명상과 호흡법 등을 하고, 현실에서는 다양한 감정 경험을 통해 마음의 동요를 가라앉히는 연습을 한다. 예를 들면 일기를 써서 자기 마음 상태를 기록하거나, 소설과 시 등의 문학 습작을 써서 그 속의 캐릭터를 통해 자신의 마음을 반추한다. 이렇게 하다 보면 남들의 비난을 담담하게 넘길 수 있고, 스트레스를 받아도 맑은 정신을 유지할 수 있다. 만약 외향적인 태음인이라면 명상 등에 좀 더 치중하고, 직관력이 뛰어난 소양인이라면 감정 경험 훈련에 좀 더 관심을 두는 것이 좋다. 자신의 감정 변화를 객관적인 제삼자의 시각으로 바라보고, 그것을 왜곡 없이 언어로 표현하며, 훈련이 어느 정도 진행되면 감정을 조절해 보기도 하는 것이다.

ENFP

> 물론 처음에는 방법을 이해하지 못하시는 분들이 많아서 차근차근 설명해 드렸죠. 얼마나 우리 모두에게 필요하고 도움이 되는지도 함께. 어차피 세상이 금방 바뀌는 것도 아니니까 사람들이 몰라줘도 실망하지 않고 즐거운 마음으로 일하고 있어요…

조합 설명

ENFP의 유형에서는, 세상 사람들 가운데 내 생각을 이해하고 좋아하는 사람이 있을 것이라는 기대감이 E(extraversion)의 특성으로 나타나고, 그런 사람을 만났을 때의 반가운 감정이 F(feeling)의 특성으로 드러나며, 아직 내 생각을 잘 모르는 사람이 충분히 있을 수 있다는 현실적인 인정이 P(perceiving)의 특성으로 나타난다. 단 N(intuition)의 특성을 가져서, 나의 방식을 기준으로 다른 사람들을 도우려는 마음이 앞서다 보니 가끔 세세한 상황들을 놓치는 때가 있다.

ESFP의 유형보다는 진지하게 대화하는 것을 좋아하며(≫ p.121), ENTP의 유형보다는 사교적이다(≫ p.169). 참고로 ENFJ와 비교하면 사적인 인간관계보다 공식적인 활동이 많으며(≫ p.145), INFP와 비교하면 보다 희망적으로 세상을 본다(≫ p.89).

일상적 모습

넓고 각양각색의 무궁무진한 세상을 ENFP 유형의 사람은 호기심으로 바라보며, 특히 여러 사람을 만나서 교감하는 삶에 흥미를 느낀다. 즉, 세상은 신나는 인생을 살아갈 가능성으로 가득 차 있으며, 이때 인생은 외롭지 않고 남들과 함께하는 것이다. NA(NERIS Analytics Limited)에서 부여한 별칭은 운동가(Cam-paigner)인데, 사람들과 더불어 행복해지려는 것이 목적이지 세상 자체를 바꾸려는 혁명가와는 차이가 있다.

우린 함께할 수 있어, 아름다운 세상을 위해…

ENFP 유형의 F(feeling) 특성은 인간관계에서 사교적으로 나타나며, 개방적이고 정직하게 주변과 소통하므로 친구가 많다. 말도 유창하게 잘한다. 또한 행복한 삶과 세상에 대한 비전을 갖고 있어서 직관적으로 인식하는 N(intuition)의 특성이 나타나는데, 이러한 N이 F와 결합하여 자신감과 열정으로 다른 사람들을 자신이 가는 방향으로 모으려는 경향을 보인다. 이때 서로 공감하는 것을 중요하게 생각하며, 다른 사람들의 요구에 호응하여 아낌없이 지원하고, 그들도 열정의 꽃을 피우도록 격려한다. 단, 자기 생각을 고집하지 않고 각자의 처지와 의견을 충분히 이해하면서 접근한다. 세상을 바라보고 대응할 때 보여주는 이러한 P(perceiving)의 긍정적이고 유연한 태도는 주변 사람들의 마음을 열게 만든다. 《Gifts Differing》에서는 이러한 특성에 대하여

ENFP 유형의 사람이 상담해 주기를 좋아한다고 하였다. 또한 세상과 사람을 위해 노력하는 과정에서 창의성과 순발력을 발휘하고, 계획을 구상하여 실현하며, 조직과 시스템을 만들기도 한다.

가끔 보이는 면

ENFP 유형에서는 사람에 대한 애정을 바탕으로, 가능한 다양한 사람들과 어울려 행복한 세상에 대한 공감대를 만들어 가는 것에 관심이 많다. 이때 이미 가지고 있는 N의 직관에 따라 세상을 바라보고 인식하는 과정에서 새로운 세상에 대한 비전과 구체적인 방안의 아이디가 만들어진다. 그런데 이 비전과 아이디어는 불변의 진리처럼 견고하지 않고 세상의 변화와 상황의 조건에 따라 달라지기도 하며, 매우 추상적일 수 있다. 따라서 ENFP 유형의 사람은 간혹 지향하는 비전을 잊어버리고 외부 상황에 끌려갈 수 있다. 이때는 평소와 달리 비논리적인 주장에 집착하고, 공적인 이유보다 자신의 개인적인 사유에 따라 행동하며, 감정의 변화에 따라 의견을 쉽게 바꾸기도 한다.

감정의 동요가 일어나면 집중력이 흩어져 주의가 산만해지거나 방향감각을 잃는다. 또한 평소와 달리 주변에 순응하지 못하고 불화하며, 일을 할 때도 절차와 마감일을 무시하는 등 세세한 부분들을 놓치고 방치한다.

사상체질 성격

소양인일 가능성이 높다(▶ p.197). 소양인은 세상의 다양한 대상들을 감각적으로 받아들이고 대상과 소통하는 데에 관심이 많아서 대체로 ES 조합을 가진 유형이 많다. 그런데 ENFP 유형의 사람은 S의 특성보다 N의 직관력이 더 발달해 있다. 보통 F 특성이 강하고 그것이 인식의 틀에 영향을 주어 N의 특성과 결합하면 태음인 체질에 속할 가능성이 높다. 그러나 ENFP의 유형에서는 개방적이고 유연한 P의 특성이 감각적 인식의 부족을 상쇄하고 있다. 만약 이 유형에 속하는 태음인이라면 외향적이며 열정적이며 자유롭게 행동하는 편일 것이다. 실제 이러한 소수의 태음인이 ENFP 유형에 속할 수 있다(▶ p.205).

바뀔 수 있는 부분

ENFP 유형에 속하는 사람은 공평하고 공정하게 일을 처리하다가 가끔 개인적 사유로 예외적인 행동을 하며 말의 논리성도 떨어지고, 주의가 산만해지며 일관성이 없어지고, 정해진 절차와 시간을 어기기도 한다. 이렇게 되는 원인은 E의 특성으로 지나치게 외부에 끌려가다가 자신의 목표와 다짐을 일시적으로 상실했기 때문이다. 이때는 다시 객관적인 현실로 눈을 돌려서 논리적 사고로 접근하는 것이 필요하다. 예를 들어 외부로부터 들어오는 정보를 그때그때 정확히 기록하고 종합해서 간단히 평가해 놓는 작업을 한다. 이 기록들은 복잡한 일정을 관리할 때 필요하다. 또한 반드시 일정은 계획을 짜서 실행하고 만약 실행이 어려운 상황이 되면 일정표를 다시 만든다. 주변에서 일어나는 일들에 항상 왜? 라는 의문을 던지는 습관을 갖는 것도 일에 대한 집중력을 높일 수 있다.

ENFP의 유형은 행복한 세상을 만들려는 희망과 열정 그리고 자유롭고 유연한 태도를 가지고 있어서 평소에 심각한 스트레스와 고민이 많지 않지만, 어느 정도의 자기 관리가 필요하다. 직관이 발달한 소양인의 경우는 남들이 자신의 의견에 동의하지 않더라도 크게 실망하지 말고 앞으로 꾸준히 나아가는 것이 좋다. 외향적이며 활달한 태음인은 동료나 주변 사람의 비협조에 서운해하지 말고 사람에 대한 믿음의 끈을 놓지 않는 것이 중요하다. 공적인 일에만 열중하기보다 여러 사람과 긴장을 풀고 개인적인 이야기를 나누는 휴식의 이벤트를 갖는 것도 자기 관리의 한 방법이다.

ENTJ

> 혈압이 높아지는 원인은 다양하지만, 그 하나는 세포와 조직의 효율성 저하로 혈액 수요가 늘어나는 것이다. 이때 심장은 수요에 대처하여 마치 현명하고 믿음직한 군주처럼, 치밀하게 전략을 세워서 공정하며 합리적으로 혈액 공급을 원활하게 해 나가야 한다.

조합 설명

ENTJ의 유형에서 E(extraversion)의 특성은 사람들과 세상이 변화하여 개선되는 것에 대해 마음이 끌리는 것을 의미하는데, 그 내면에는 정확한 판단력과 굳은 의지력이 자리 잡고 있고, 그것을 바탕으로 외부의 모든 것들을 바라보므로, T(thinking)와

J(judging)와 N(intuition)의 조합을 가지게 된다. 이때 창의성은 T의 작용으로 나타난다.

INTJ의 유형보다는 사람들을 이끌고 나가는 특징이 있고(≫ p.97), ENTP의 유형보다는 자신이 판단한 것에 대한 신념이 강하다(≫ p.169). 참고로 ENFJ의 유형과 비교하면, 사람들 개인보다 세상 전체에 대한 관심이 좀 더 크다(≫ p.145).

일상적 모습

ENTJ 유형의 사람은, 지금 당장이든 오랜 시간에 걸쳐서이든 주변 사람이나 조직, 공동체나 사회 전체가 변화하는 것을 보고 싶고, 그것의 실현을 위해 노력한다. 이러한 경향성의 뒷면에는 문제점을 인식하고 고쳐나가려는 강한 책임 의식이 자리 잡고 있다.

마음속에 가지고 있는 의식을 바탕으로 대상을 대하고 파악하므로 N(intuition)의 특성을 나타내며, 불합리한 현실을 바꾸려는 노력 속에서 구체적인 방안을 수립하므로 T(thinking)의 특성을 나타낸다. 이때 문제의식을 바탕으로 한 관찰은 통찰력을 키우고, 통찰력은 다시 새로운 아이디어를 창안하여 의사 결정과 계획을 세우는 데에 도움을 준다. ENTJ 유형의 사람은 나무를 보기보다 숲을 보려 하며, 눈앞의 득실보다는 장기적인 변화를 예측하여 대처하려고 한다. 복잡한 상황을 개념화하고 이론화하며, 여러 가능성을 계획으로 쉽게 전환한다.

이 전쟁을 끝낼 전략과 작전이 바로 이거야…

ENTJ 유형의 J(judging) 특성은 결단력과 추진력 있는 리더십으로 나타난다. 솔직하고 공정하게 다른 사람들과 소통하며, 상황이 어렵더라도 강인한 모습을 보여준다. 계획은 반드시 행동으로 옮기며 전략적으로 대처한다. NA(NERIS Analytics Limited)에서 부여한 사령관(Commander)이라는 별칭은 이러한 리더십을 상징적으로 표현한 것이다.

또한 사령관이 마치 부하들을 이끌고 나가는 것처럼 조직을 구성하고 관리 운영하는 것을 잘한다. 조직 내 복잡한 관계들을 질서 있게 정리하고, 포괄적인 운영 시스템을 개발하며, 목표를 달성하기 위해 인적 및 물적 자원을 집결한다. 해박한 지식과 유창한 언변, 충만한 자신감으로 사람들을 이끌 때면, 범접할 수 없는 위엄이 느껴지기도 한다.

가끔 보이는 면

 ENTJ의 유형은 사고력이 발달하여 새로운 구상을 잘하며, 외부의 대상을 접할 때도 이를 바탕으로 직관적으로 파악한다. 그런데 J(judging)의 영향으로 자기 생각에 대한 신뢰가 강하므로 큰 오류를 깨닫는 순간까지는 주장을 바꾸지 않으려 하고, E(extraversion)의 영향으로 세상을 개선하려는 데에 끊임없이 마음이 끌린다.

 이러한 과정에서 간혹 ENTJ 유형의 사람은 과격해질 수 있다. 자신의 주장과 다른 것을 강하게 비판하면서 공격적인 언어를 사용하고, 다른 사람의 생각과 행동에 개입하여 지시하고 명령을 내리며 비인격적인 언행을 하여 독재자와 같이 느껴지기도 한다. 또한 목표만 추구하고 수단과 과정을 등한시하여 현실과 동떨어진 방향으로 가고, 세부적인 사항에도 누락과 오류가 생긴다. 《Gifts Differing》에서는 장기적인 가능성과 결과 또는 전체적인 그림에 관심이 많다 보니 세부적인 절차나 사실을 놓치기 쉽다고 하였다.

자신만의 생각에 빠지면, 다른 사람들의 요구를 수용하지 않고, 좋은 일이 있어도 감사와 칭찬에 인색해진다. 사람의 지능과 역량을 중시하는 만큼 남들의 비효율성이나 무지를 혐오하며, 남들을 비판하는 것이 결국 그들을 개선하고 성장시킬 것이라는 자만심을 가질 수 있다. 또한 엄격한 태도는 자신을 향하기도 해서, 심한 스트레스를 받으면 자기 능력을 의심하고 자책하며 심하면 자학할 수 있다.

사상체질 성격

태양인일 가능성이 높다(▶ p.189). 보통 태양인은 사고력과 창의성이 뛰어난데 이는 주로 T와 P의 특성 때문이다. ENTJ 유형은 J의 특성을 가지고 있어서, 개방적 태도를 바탕으로 하는 창의성은 주로 T의 과정에서 나온다. 따라서 일반적인 태양인보다 사고의 유연성과 순발력이 떨어질 수 있다. 또한 E의 특성으로 인하여 눈앞의 문제를 해결하려는 욕구가 강하다. 종합해 보면, 태양인 중 현실 중심적인 성향을 나타내는 일부가 이 유형에 속할 수 있다.

한편 소음인 가운데 타고난 기질이 강한 소수의 경우, 식견이 발달하여 ENTJ 유형으로 나타날 수 있다(≫ p.215). 단, 태양인과 비교하면 사람과 사물에 대한 친밀함이 내면에 잠재되어 있다. 또한 통찰력이 있고 책임 의식이 강한 소수의 소양인이 ENTJ 유형에 속할 수 있다(≫ p.197). 단, 태양인에 비해 자신과 코드가 맞는 사람과 함께하려고 하며, 잘못된 것에 분노하는 감정이 내면에 잠재되어 있다.

바꿀 수 있는 부분

ENTJ 유형의 사람은 내면에 자기 생각이 뚜렷하고 그것을 세상에 반영하려는 의지가 강해서 주변과의 소통에 어려움을 겪을 수 있다. 자기만이 옳다는 생각에 빠지면 다른 사람들이 싫어하고 멀리하게 되는 것이다. 또한 능력 없는 사람을 싫어하므로 자신과 남의 무능력을 책망하고 분노를 느끼기도 한다. 이때는 공감 능력을 높이는 노력이 필요한데, 태양인은 기본적으로 원리나 진리를 탐구하는 성향이 있으므로, 여럿이 함께 논의해서 결론을 만드는 협의의 기회를 자주 만들어야 한다. 자신의 분야에서 회의를 운영하는 사회자 역할을 담당하거나, 다른 사람의 이야기를 많이 들을 수 있는 모니터링이나 컨설팅 관련 업무를 하는 것도 좋다. 다른 방법으로는 현실을 잠시 벗어날 필요가 있는데, 조용한 장소에 머물며 장기적이고 큰 구상을 한동안 하면 마음속의 분노가 조금 누그러질 수 있다.

만약 소음인이라면 누군가의 멘토 역할을 해볼 수도 있다. 다른 사람을 보살피려는 감정을 조금이나마 가지고 있기 때문이다. 소양인이라면 가능한 다양한 사람을 만나는 봉사활동이나 서비스 관련 일을 해볼 수 있다. 자신과 성향이 다른 사람에 대한 이해가 조금이나마 필요하기 때문이다.

ENTP

사람은 논리적인 동물이 절대 아니다. 뇌과학 연구와 집단연구 통계분석에서도 논리적 사고의 실체가 밝혀지지 않았으며, 역사 기록을 통해서도 인간의 비이성적 측면은 증명되고 있다. 따라서 사람이 이성적이라는 말은 논리적 근거가 하나도 없으므로, 사실이 아닌 것이다.

조합 설명

옳고 그름을 따져서 진실을 찾아가면 사람들도 바뀌고 세상도 바로 변화시킬 수 있다는 생각과, 가능한 나와 남이 같은 결론에 도달하는 것이 바람직하다는 인식이, ENTP의 유형에서 E(extra-version)의 특성을 보여준다. 새로운 것을 받아들이고 그 속에 담긴 원리나 의미를 쉽게 알아차려서 설명하는 능력은 P(perceiving)와 N(intuition)과 T(thinking)의 특성들로 나타난다.

INTP의 유형보다 현실의 변화에 민감한 편이며(≫ p.105), ENTJ의 유형보다 자신을 스스로 점검해 보는 태도를 보인다(≫ p.161). 참고로 ENFP의 유형과 비교하면, 논리적 판단의 결과를 중시하고 존중한다(≫ p.153).

일상적 모습

ENTP 유형의 사람에게 비추어지는 세계는, 그 속에 진리가 담겨 있지만 아직 밝혀지지 않은 미지의 영역으로, 여기에서 새로운 가능성을 찾고 흥미로운 개념들을 밝혀내는 것 자체를 하나의 도전이라 생각한다. 곧 E(extraversion)의 특성을 보여준다. 그리고 이러한 도전을 통해 세상이 혁신된다고 보고, 열정적으로 현실과 부딪혀 나간다.

T(thinking)의 특성으로 두뇌 회전이 빠르고 논리정연하게 사고를 하며 언변도 뛰어나다. 주어진 상황과 자신의 아이디어를 분석하여 전략적 계획을 수립한다. 여기에 P(perceiving)의 특성이

덧붙여져 유연성을 가지게 되면, 창의력이 더욱 발휘된다. 명확한 결론과 자신의 주장이 도출되기 전까지는 끊임없이 주변 상황을 살피면서 받아들이고, 사고실험을 통해 패턴을 읽어내며 미래를 예측한다. 이때 정해진 틀과 표준적인 형식에 얽매이지 않는다. NA(NERIS Analytics Limited)에서 부여한 토론가(Debater)의 별칭은 이 모든 특성을 상징적으로 표현해 준다.

내 생각과 논리로는 이 문제의 해답은 명확해…

또한 논쟁을 즐기는 와중에도 순발력 있게 바로 새로운 대응책을 고안해 내는데, 이러한 신속한 대응이 가능한 것은 직관적으로 세상을 인식하기 때문이다. 이러한 N(intuition)의 특성이 강해지면 만나는 사람들을 자기 관점을 통해 해석하고 또한 설득해 나가는데, 이것이 리더십으로 나타나기도 한다. 즉, 사람들의 관심에 열정적으로 호응하고 그 결과, 그들이 자신의 비전을 지지하도록 이끌어 갈 수 있다.

가끔 보이는 면

ENTP 유형의 사람은 E와 T의 특성이 있어서, 사고를 통해 얻은 생각을 다른 사람과 공유하여 서로의 접점을 넓히는 데에 마음이 끌린다. 사고하는 과정에서는 새로운 정보와 지식을 받아들일 때 유연한 P의 특성이 나타나고, 대상을 인식하는 과정에서 정해진 사고의 틀을 적용하므로 N의 특성이 나타난다. 간혹 T의 특성이 활발해지면 자신이 생각한 논리 구조와 결론에 대한 확신이 커지게 되는데, 유연한 태도가 줄어들고 직관력은 오히려 강해진다.

평소에는 변화에 기민하고 논리정연하며, 명확하고 직설적으로 생각을 표현하지만, 강한 자기 확신은 스스로 자만하게 만들고 간섭당하는 것을 싫어하며 남들을 부정적으로 바라보게 만든다. 《Gifts Differing》에서는 이러한 경우에 비인간적으로 보일 수 있다고 하였다.

이해를 돕는 설명이 상대편을 압박하는 설득으로 바뀌면, 듣는 입장에서는 공격적으로 느껴질 수 있으며 무례하게 보일 수도 있다. 특히 논리에 맞춰 공정한 방법으로 충분한 시간을 들여 의사 표현을 했는데도 받아들여지지 않을 때, ENTP 유형의 사람은 반항적이고 투쟁적으로 변하며, 평소에 자신이 포용하던 사람들에게까지 비판을 쏟아낸다.

자기 생각에 대한 집착이 커지면 정신이 흩어져서 집중이 안 되고 흥분과 침울을 반복하여 감정 조절이 힘들며, 일상의 사소한 것들을 놓치고 방치한다. 일반적으로 관심 있는 일에는 지치지 않지만 그렇지 않은 일을 할 때는 어려움을 겪을 수 있다.

사상체질 성격

우선 소수의 태양인일 가능성이 있다(≫ p.189). 보통의 태양인은 직접 세상을 바꾸는 일에 뛰어들어 활동하기보다 조용히 생각해서 원리와 진리를 탐구하기를 선호한다. 따라서 ENTP 유형에는, 이와 달리 외향적이며 감정의 변화가 조금 있는 일부의 태양인이 포함될 수 있다. 참고로 NTP의 조합은 냉철한 논리와 풍부한 창의력을 상징하는데 INTP 유형이 ENTP 유형보다 내면의 사고에 더 집중하는 편이며, 역시 태양인이 이 유형에도 속한다.

한편 ENTP 유형에는 일부의 소양인이 포함될 수 있는데(≫ p.197), 매우 지적 수준이 높고 논리적 사고를 즐기는 경우가 해당한다. 이러한 소양인이라면 내면에 경쟁심이 있으므로 토론을 통해 자신의 우월함을 인정받고자 할 수도 있다.

바꿀 수 있는 부분

ENTP 유형의 사람이 자기주장을 펼 때 처음부터 공격적이지는 않고, 상대가 비논리의 억지를 부리거나, 정해진 규칙을 지키지 않거나, 정당한 비판보다는 비난을 하는 경우 참지 못해서 나올 수 있다. 만약 태양인이라면 자신이 가지고 있는 미래지향적인 목표 추구에 방해된다고 판단할 때 분노가 나타난다. 분노가 자주 나타날 경우, 평소에 철학 사상과 종교 교리를 공부해서 인간의 보편적 본성에 대해 생각해 보는 것이 좋다. 만약 지적 수준이 높은 소양인이라면 원래 많았던 분노가 자연스럽게 나오는 것인데, 억지로 참거나 완화시키기가 쉽지 않다. 감정을 외부와 발산시키는 방법으로, 체력을 많이 소모하는 스포츠를 하거나, 록 콘서트에 가거나, 직접 노래나 공연을 해보는 것도 좋다.

참고로 태양인 가운데 현실의 변화를 바로 확인하고 싶은 조급한 마음을 가진 사람이 있는데, 이때는 다른 사람들을 독촉하지 말고 혼자의 시간을 가지며, 새로운 분야나 대상을 찾아 그 속의 원리를 생각해 보는 것이 필요하다.

사상의학에 대하여

소양인
소음인
태음인
태양인

사상의학의 특징
이제마의 생각
사심신물의 의미
애노희락의 변화
폐비간신의 편차

MBTI and Sasang Constitution Personality
The Concepts and Charactoristics by Types

사상의학의 특징

사상의학은, 세계 유일의 유학적 세계관을 바탕으로 한 전통의학이다. 즉, 우주와 인체를 동양사상에서 바라본 사심신물事心身物의 네 가지 구성요소로 인식하고, 사람의 마음을 《중용》에 나오는 희노애락의 감정 변화로 파악했으며, 《맹자》로부터 이어져 온 성정론을 바탕으로 체질별 성격의 차이를 설명했다.

또한 동서고금에 체질론이나 체질의학은 많이 있으나 인간 내면의 변하지 않는 부분에 초점을 맞추어 몸과 마음이 융합된 모델을 설정한 경우는 드물다. 사상의학에서는 예를 들어, 인체의 장기 중 간이 발달한 태음인은 감정 가운데 기쁨인 희가 잘 드러나는데, 이러한 태음인의 특성은 평생 변하지 않는다.

그리고 사상의학은 한국 한의학의 전통을 계승하고 있다. 역사적으로 한국의 사회 문화적 환경 속에서 발전한 한의학은, 당장 눈앞의 증상 치료를 넘어서 건강한 삶을 목표로 질병을 예방하고 행복하게 오래 사는 것을 추구해 왔다. 즉, 침입한 병사를 몰아내기보다 인간의 생명력인 정기를 길러서 근본적으로 질병을 예방 치료하는 것이다. 조선시대의 《동의보감》이 이러한 전통을 잘 담아내고 있는 의학서이며, 타고난 체질에 맞추어 근본적으로 대처하는 사상의학도 이러한 측면을 계승하고 있다.

이제마의 생각

사상의학은 구한말 의학자인 이제마(1837-1900)가 창시한 한국의 체질의학이다. 그의 사후인 1901년에 간행된 《동의수세보원》에 사상의학의 주요 내용이 대부분 담겨 있다.

이제마의 고향은 함흥으로 유복한 집안에서 태어났다. 비록 서출이었으나 적자로 입적되어 좋은 교육을 받고 성장하였으며, 후일 무과를 통과하여 진해 현감을 지내기도 하였다. 이러한 안정적인 집안 배경에도 불구하고 이제마는 19세기 조선의 어지러운 국내외 정세 속에서 새로운 길을 찾아 변화를 모색해 나갔다. 우선 철학적으로는 사심신물의 네 가지 범주 속에 자연, 인간, 사회 등의 전반적인 개념들을 배속하고 그 의미를 설명하는, 일종의 분류학과 terminology를 결합한 작업을 하였는데, 10여 년의 작업 끝에 그 내용을 정리하여 1893년 《격치고》를 완성하였다. 《격치고》의 학문체계는 기존 성리학의 틀과는 다른 것이었다. 또한 의학을 연구하면서 몸과 마음의 밀접한 관계를 인식하고, 모든 사람이 타고난 체질을 가지고 있어서 그에 따라 고유의 성격이 드러나고 질병도 발생한다는 사실을 확인하였다. 특히 마음속에서 일어나는 감정의 변화에 주목하여 이를 체질 판정의 가장 중요한 요소로 보았다. 기존의 한의학 전통에서 보면 사상의학은 더욱더 인간 내면의 근본적인 부분으로 들어가 질병을 예방하고 치료하는 목표를 추구한 것이다. 또한 한중일 삼국 전통의학의 공통언어인 《상한론》을 비판 계승하여 체질의 특성을 설명하고, 새로운 처방을 개발하여 치료법의 영역을 넓힌 점 등은 의학적 성과라 할 수 있다.

격동의 시기를 살았던 이제마가 사람의 체질을 연구하고 감정 변화의 패턴을 세밀하게 분석했던 이유는, 모든 사람이 근본적으로 가지고 있는 나쁜 마음이나 태만한 마음을 극복함으로써 밝은 깨달음과 큰 사람의 면모를 갖기를 바랐기 때문이다. 이러한 자기 수양과 교육의 지향점에 도달하기 위해서는 먼저 자기 자신의 타고난 특성을 잘 알고 남의 것도 잘 알아야 한다고 본 것이다. 만약 각자 개인이 건강한 몸과 마음을 갖고서 자신과 다른 상대방을 잘 이해할 수 있다면, 그들이 만들고 살아가는 사회도 구성원 모두가 행복을 누리는 이상 세계가 될 수 있을 것이다.

사심신물의 의미

우주와 인체를 구성하는 사심신물의 네 가지 요소들을 살펴보면, 우선 사람은 우주에 포함되어 삶을 영위하고 있는데, 몸과 마음을 가지고 있으므로 심心과 신身으로 구성된다. 한편 사람 밖의 외부 세계는 무형의 네트워크인 사事와 물질적 기초인 물物로 구성된다.

사는 우주 안에 있는 여러 존재 사이의 관계이며, 동시에 그 관계의 네트워크를 움직이는 원리 또는 법칙이기도 하다. 예를 들어, 부모와 자식 사이의 친밀한 관계 자체가 사이며, 마땅히 부모로서 또는 자식으로서 해야 하는 원칙들도 사이다. 부모는 자식을 아끼고 돌봐주어야 하며, 자식은 부모를 잘 모시고 공경해야 한다. 물론 생명체뿐만 아니라 물질들 사이에 작용하는 힘과 같은 물리적 법칙들도 사에 해당한다. 물은 우리가 이미 잘 알고 있는 물질적인 요소를 말한다. 사와 물은 원래 우주 전체에 전반적으로 퍼져있는 것이지만, 사람 안에도 들어와 있다. 사람의 마음속에는 세상의 여러 복잡한 관계들이 얽혀서 들어와 있고, 우리의 몸은 물질을 섭취해서 만들어진 것이다. 종합해 보면,

사심신물의 네 가지 요소 전부를 사람은 누구나 모두 가지고 있다. 이제마는 사상의학의 철학적 배경을 설명한 《격치고》에서 사심신물의 범주를 자세히 설명하고 사람이 살아 나가야 하는 윤리와 수행의 방법을 제시하였다.

애노희락의 변화

《중용》에서 희노애락喜怒哀樂의 감정을 언급했는데, 동양에서는 전통적으로 인간의 감정을 이 네 가지로 본다. 성냄의 노와 슬픔의 애는 누구나 알 수 있고, 기쁨의 희와 즐거움의 락은 서로 유사하면서도 차이가 있다. 기쁨은 개방적인 감정으로 마음에 드는 새로운 것을 만났을 때 나타나며, 즐거움은 이미 경험한 흥미 있는 것을 반복하면서 느끼게 된다. 또한 희와 락은 대상을 끌어당겨 가까워지려고 하는 감정이고, 노와 애는 대상을 밀쳐내려고 하는 감정이다. 슬픔도 자신이 마주한 불행한 현실을 부정하는 데서 시작하므로 밀쳐내는 감정에 속한다. 체질을 음양으로 나누었을 때 희와 락은 음인에게서 잘 나타나고 노와 애는 양인에게서 잘 나타난다. 《중용》에서 희노애락의 순서로 말한 것을 사상의학에서는 인체의 공간적 배치에 따라 위에서 아래 순서로 보통 애노희락이라고 한다.

한편 이제마는 애노희락의 감정을 유학의 성정론으로 바탕으로 새롭게 해석하였다. 그때까지 조선의 학계를 주도해 온 성리학에서는 이理와 기氣의 구분 속에서 인의예지의 본성을 중시하고 상대적으로 희노애락의 감정은 가볍게 보았다. 그러나 이제마는, 추상적이고 현실과 거리가 먼 인의예지보다는 감정이 우리의 삶에 영향을 크게 미치며, 단순히 이를 억제하는 것이 아니라 올바르게 표출되도록 해야 한다고 생각했다. 이제마가 설정한 감정작용의 체계는 다음과 같다.

사람은 오감을 통하여 사물을 인식하는데 이때 발현되는 1차 감정을 성性이라 한다. 예를 들면 태양인은 슬픔의 애성이 나타나는데, 이것은 대상과 이해타산의 생각 없이 나오는 순수한 감정이다. 융의 심리학에서 판단이 작용하지 않고 대상을 처음 인식하는 과정과 유사하다. 이에 비하여 대상과 설정된 관계를 바탕으로 나오는 2차 감정을 정情이라 하는데, 태양인은 노정이 나타난다. 이 과정에서 이해타산에 따라 일종의 판단이 개입할 수 있으므로 융이 말한 판단 기능의 결과로 볼 수 있다. 이제마는 애성이 극에 달하면 노정이 동한다고 하였다. 실제로는 태양인이 평소에는 냉철하다가 자신과 뜻을 같이하는 사람이 잘못된 행동을 할 때 갑자기 격한 분노가 일어나는 상황을 표현한 것이다.

폐비간신의 편차

한의학에서는 인체의 오장 안에 정신이 깃들어 있다고 보며, 사상의학에서도 폐비간신肺脾肝腎의 네 가지 장에서 각각 애노희락의 감정이 나온다고 설명한다. 또한 각 체질은 장의 편차에 따라 나누어지는데, 예를 들어 소음인은 신장이 발달하여 즐거운 감정이 많고, 비장이 발달하지 않아 분노의 감정이 부족하다. 나머지 체질에서도, 태양인은 폐장이 발달하여 슬픈 감정이 많고 간장이 발달하지 않아 기쁜 감정이 부족하며, 소양인은 비장이 발달하여 분노의 감정이 많고 신장이 발달하지 않아 즐거운 감정이 부족하며, 태음인은 간장이 발달하여 기쁜 감정이 많고 폐장이 발달하지 않아 슬픈 감정이 부족하다. 이처럼 사상의학에서는 사람의 성격을 판단할 때 주로 감정의 변화를 자세히 관찰한다. 감정이 사람의 정신활동을 주도한다고 보기 때문이다.

참고로 인성의 선함과 악함은 장의 편차와 관련이 없으며, 체질 간의 우열도 없다. 선악의 차이는 각자 마음을 수양함에 따라 태극의 성질을 가진 심心을 통해서 드러난다고 본다. 심은 나머지 폐비간신과 달리 치우침이 없고 인간의 보편적인 본성에 가까운데 이제마는 태극이라고 표현했다. 이 마음이 맑은지, 탁한지에 따라 사람 욕심의 많고 적음이 차이 나므로, 사람의 선악은 체질별 폐비간신의 편차와는 상관이 없으며, 따라서 체질 간의 차별도 없는 것이다.

한편 사상체질을 분류하여 같은 체질인데도 성격이 다르게 나타나는 경우가 있다. 예를 들어 소양인으로 판단되는데, 한 사람은 체격이 다부지면서 다혈질이고, 다른 사람은 체형이 마른 편이면서 성격이 조용할 수 있다. 이렇게 차이가 나는 이유는, 하나의 체질에서 가장 발달한 장과 가장 발달하지 않은 장은 이미 확정되어 있지만, 나머지 두 개 장의 편차가 달라질 수 있기 때문이다. 소양인은 비장이 가장 발달하고 신장이 가장 덜 발달했지만, 나머지 폐장과 간장의 발달이 소양인마다 달라질 수 있다. 이러한 변수로 인하여 다른 사상체질끼리 비슷하게 느껴져서 잘못 판단하는 오류가 나타날 수 있으니 주의해야 한다.

사상체질 성격 특징

태양인
소양인
태음인
소음인

MBTI and Sasang Constitution Personality
The Concepts and Characteristics by Types

태양인

특징과 일상적 모습

4가지 사상체질 가운데 숫자가 가장 적은 태양인은 《동의수세보원》이 쓰여진 19세기 말 당시에 1만 명 중 많아야 10여 명 정도 있다고 하였다. 최근에는 늘어났다고 하는데, 그만큼 주변에서 찾아보기 힘들고, 특징에 대한 자세한 설명도 없어서 파악하기 매우 어렵다.

태양인은 눈앞의 현실보다 형이상학적이고 이상적인 문제에 대해 관심이 많다. 우주의 구성요소인 사심신물 가운데 사事에 민감하기 때문이다. 사는 만물이 생성하고 변화하며 소멸하는 과정의 원리, 또는 존재와 존재 사이의 관계를 말한다. 여기서 원리란 물리 화학의 법칙만을 가리키는 것이 아니다. 사람이 어떻게 살아야 하는지, 인간관계는 어떻게 맺어야 하는지 등 삶의 지혜도 원리에 포함된다. 《동의수세보원》에서는 태양인이 귀로 천시天時를 듣는다고 하였는데, 이때 천시는 시간의 흐름에 따라 진행되는 우주의 변화 원리를 뜻하며, 귀로 듣는다는 것은 그 원리를 조용히 살펴서 알아낸다는 메타포이다.

우주는 참 질서 정연해, 사람도 그래야 하는데…

태양인은 애노희락의 감정 중에서 슬픔의 애哀가 발달해 있다. 태양인의 장부 편차는 폐장이 발달하고 간장이 약하므로, 폐장의 슬픔이 많고 간장의 기쁨이 적다. 태양인의 슬픔은 울고불고하는 것이 아니며, 기쁨도 즐거움도 성냄도 아닌 차분히 가라앉아 있는 감정이다. 따라서 평소에 잘 흥분하지 않는다. 또한 세상을 무작정 낙관적으로 바라보지 않으며, 세상이 어딘가 잘못

되어 있다는 부정적인 생각이 있어서 조금은 비애감을 느끼는 그런 감정이다. 한편 냉정하고 냉철하기 때문에 오히려 늘 변화하는 대상의 원리를 명확하게 파악해 낼 수 있는 장점이 있다. 이러한 전반적인 슬픔의 감정을 《동의수세보원》에서는 애성哀性이라 하였다.

가끔 보이는 면

태양인은 평소에 남의 이야기를 듣거나 혼자 생각할 때 조용한 편이며, 감정의 동요가 적다. 하지만 자신이 목적하는 일을 할 때 함께해 온 사람이 욕심을 가지고 있거나 남을 속이면 무섭게 화를 낸다. 오히려 서로 이해타산이 없고 거리감이 있는 사람에게는 잘 화를 내지 않는다. 이렇게 태양인인 함께 일하는 사람에게 격하게 분노를 표출하는 것을 《동의수세보원》에서는 애성이 극에 달해서 노정怒情이 동하는 것이라고 하였다. 태양인은 대체로 건강해서 평소에 잔병치레가 없는데, 드물지만 이처럼 분노가 폭발하면 남들도 당황하고 자신도 갑자기 크게 몸이 나빠져서 낫기 어려운 병이 생긴다.

또한 태양인은 진리에 대한 확신이 서면 자신만이 옳다고 하는 생각에 빠지기 쉽다. 그래서 전진하려고만 하고 잘 물러서지 않는다. 주변 사람들에게 독선적이라는 평판을 들으며, 너무나 현실과 거리가 먼 동떨어진 생각만 하여 망상가라는 취급을 받을 수 있다. 또한 독선적인 태도가 현실을 바꾸려는 의지와 만나면 마음이 조급해지는데, 생각한 것을 빨리 실행에 옮겨서 빨리 결과를 보려고 하기 때문에 주변 사람들이 힘들어한다. 자신에게 엄격한 편이면서 남에게도 날카롭게 비판하기 때문에 인간미가 느껴지지 않을 때가 있다.

MBTI 분류

태양인은 원리를 탐구하고 진리를 찾으려 하므로 T(thinking)의 특성이 두드러지게 나타난다. 이러한 사고력은 막힘없이 끝없이 펼쳐져서 아주 먼 우주 끝까지 뚫고 갈 기세로 느껴진다. 단, 세상이 돌아가는 원리나 옳고 그름의 진리는 어떤 논리 체계가 아니라 삶의 지혜일 수 있고, 그 지혜는 대부분 인간에 대한 보편적 사랑으로부터 나온다. 따라서 태양인 가운데 드물게 T보다 F의 특성이 더 드러날 수 있는데, 바로 INFP의 유형에 일부의 태양인이 포함되는 경우다. 또한 단순히 사고만 하는 것이 아니라, 마음속에 있는 관점을 통해 세상을 바라보고 인식하는 직관력을 가지고 있으므로 N(intuition)의 특성이 함께 나타난다. 이러한 기준으로 볼 때 우선 N과 T의 조합을 가진 INTP, INTJ, ENTP, ENTJ 등의 유형이 태양인일 가능성이 있다.

태양인은 의식의 깊은 곳에 이미 원리나 진리에 대한 공감대를 가지고 있어서 그것을 발견했을 때 마음이 공명한다. 그러므로 많은 태양인은 I(introversion)의 특성을 나타내게 된다. 그러나 태양인 가운데 현실 세계에 관심이 많고 세상을 바꾸어야겠다는 사명감이 마음속의 의식보다 더욱 강할 경우, 일부 E(extraversion)의 특성을 보이는데 ENTP와 ENTJ의 유형이 여기에 해당한다. 한편 태양인은 사고를 통해 미지의 원리나 진리를 찾아나가므로 유연한 태도를 가져야 한다. 생각이 경직되면 밖으로부터 새로운 것을 받아들이기 힘들고 창의성이 떨어질 수밖에 없다. 따라서 일반적으로 P(perceiving)의 특성을 가진다. 그러나 이미 마음속에 자신이 생각하는 아이디어가 확고하게 정해져 있고, 그것을 현실에서 구현할 의지가 강하다면 일부의 태양인에서 J(judging)의 특성이 나타나는데, INTJ와 ENTJ의 유형이 여기에 해당한다.

INTP의 유형은 전형적인 태양인에 속하며 매사에 분석적인 사고를 한다. 이에 비하여 INTJ 유형에 속하는 태양인은 J의 특성으로 인하여 자신이 구상한 것에 대한 신념과 자부심이 강하고 그것을 잘 표현하려고 하는데, 사고력이 발달한 소음인의 일부도

이 유형에 속할 수 있다. 또한 세상을 바꾸고 싶어 하는 일부의 태양인이 ENTP 유형에 속하며, 역시 사고력이 발달한 소양인의 일부도 여기에 속할 수 있다. 태양인 중에 자기 주관이 뚜렷하고 먼저 나서서 세상을 이끌고 나가려고 하는 사람은 ENTJ의 유형에 속하는데 그 수가 많지 않으며, 강한 기질을 타고난 식견이 발달한 소음인도 이 유형에 속할 수 있다. 마지막으로 비교적 따뜻한 마음과 지혜에 대한 통찰력을 가진 소수의 태양인이 INFP 유형에 속할 수 있다.

건강하게 사는 방법

태양인 가운데에는 기운이 위로 쏠리기 때문에, 전체적인 체격은 크지 않지만 비율적으로 머리와 목덜미가 발달한 사람이 많다.

평소에는 차분한 성격이나 다른 사람들과 함께 일하다가 간혹 크게 화를 내는 경우가 있다. 이럴 때는 마음속에 분노가 쌓이지 않도록 명상을 하거나 풍경이 좋은 산과 들로 혼자서 여행을 다니는 것이 좋다. 명상은 일상생활 중에서도 할 수 있는데, 제삼자의 입장이 되어 마음속에 일어나는 것들을 차분히 관조하면서 꼬리를 물고 일어나는 사고의 흐름을 잠깐 잠재울 필요가 있다.

자연 속으로의 여행은 가벼운 차림으로 트레킹 정도를 하되 다리에 무리가 가지 않을 만큼만 한다. 만약 몸을 움직이지 않는 시간이라면 조용한 곳에서 독서하는 것도 좋은데, 세상일로부터 생각을 멀리하고 철학을 공부해서 인간 본성이나 우주의 원리를 탐구할 수 있다. 만약 종교를 가지고 있다면 시간을 잠깐 내서 종교 생활 가운데 묵언 수행이나 조용한 기도를 하는 것도 한 방법이다. 냉철한 사고력을 가지고 있지만 좀 더 감성을 풍부하게 하려면 문학작품을 연습으로 써보는 것도 좋다.

대체로 태양인은 건강하나 드물게 병이 오면, 다리에 힘이 빠지거나 음식을 거부해서 먹지 못하는데 모두 정신병에 가깝다. 만약 식욕이 없어지면서 먹은 음식이 잘 내려가지 않고 토하며, 다리가 시리면서 잘 걷지 못하는 증상이 나타나면 건강이 매우 안 좋은 상태이니, 술이나 기름진 음식을 줄이고 숙면을 취하면서 맑은 정신 상태를 유지하여 속으로 격한 감정이 생기지 않도록 한다. 더 자세한 태양인의 건강 조절법은 관련된 각 MBTI 유형의 내용을 참고 바란다.

태양인에게 맞는 식품은 다래, 포도, 앵두, 메밀, 솔잎, 순채나물, 붕어, 조개 등이며, 주로 정신을 맑게 하는 음식을 섭취해야 한다. 알려진 약재 중에는 오가피, 모과, 노근, 송절 등이 있다.

소양인

> 특징과 일상적 모습

　소양인은 이제마가 19세기 말 사상의학을 창시할 당시 인구의 약 30%를 차지한다고 하였다. 대체로 성격이 활달하고 힘이 넘쳐서 여러 사람 가운데 두드러져 보인다. 또한 재주가 좋고 멋을 추구해서 많은 인기를 얻기도 한다.

　우주의 사심신물 네 가지 구성요소 가운데 심心이 발달한 체질이 소양인이다. 사람의 마음속에는 누구나 가지고 있는 공통적인 면도 있고, 자기만의 독특한 개성도 있다. 소양인은 그 가운데 바로 자기만의 마음에 따라 생각하고 움직인다. 나만의 취향을 스스로 존중하여 즐기며, 누군가 그것을 무시하고 방해하면 괴로워하거나 분노한다. 주변 사람들의 마음도 자신의 취향과 같아지기를 바라고 그런 사람들 위주로 교류한다. 그래서 소양인이 사람을 처음 만나면 경계심을 갖고 낯가림하지만, 자신과 통하는 점을 발견한 이후에는 금방 가까워진다.

내 인생은 나의 것, 멋지게 살고 싶어…

그리고 단 한 번 주어진 소중한 인생인데 내 마음에 맞게 원하는 대로 살고 싶고, 살다가 혹 성공해서 남들의 부러움을 산다면 그 또한 좋은 일이다. 그런데 문제는 이러한 자기 취향이 일정하지 않고 바뀐다는 점이다. 그 이유는 눈앞의 대상을 쫓아가기 때문인데, 더 좋은 것을 발견하면 마음이 바뀌어서 그쪽으로 관심이 옮겨간다. 《동의수세보원》에서는 소양인이 눈으로 세회世會를 본다고 하였는데, 그만큼 눈 앞에 펼쳐진 세상일에 관심이 많음을 비유한 것이다. 단 소음인처럼 현실 세계에 대한 감각이 뛰어나서 미세한 뉘앙스까지 포착하는 것이 아니라, 정해진 감각의 기준대로 받아들인다. 예를 들어 김치를 담글 때 여러 젓갈과 파, 미나리, 무, 과일, 찹쌀풀 등 온갖 재료로 만든 양념을 넣는데, 어머니의 손맛처럼 오랜 경험으로 간과 맛을 맞추게 된다. 소양인은 입맛의 감각에만 의지하지 않고 일정한 레시피에 따라 만드는 경향이 있다. 김장에 쓰는 천일염도 맛이 미세하게 다를 텐데 소양인은 대략 짜다고 느끼고 그 차이를 중요하게 생각하지 않는다. 물론 소양인 가운데도 ESFP의 유형처럼 세밀한 감각을 잘 느끼는 사람이 있으나 소음인의 경지는 따라가지 못한다.

소양인은 애노희락 가운데 분노의 감정이 가장 많다. 소양인의 장부 편차는 비장이 발달하고 신장이 약하므로, 비장의 분노가 많고 신장의 즐거움이 적다. 분노는 부당한 억압이나 부조리에 저항하여 대상을 밀쳐내는 감정인데, 겉으로 얼굴 붉히고 소리 지르지 않아도 조용히 안에 쌓여 있을 수 있고, 뭔지 모를 불만에 가득 찬 마음 상태일 수도 있다. 이러한 분노를 바탕으로 대부분 소양인은 눈앞의 잘못된 것을 고치거나 없애려 하는데, 시스템을 구축하여 작동시키면 자연히 불합리한 것들이 사라지리라 생각한다. 시스템뿐만 아니라 서로 동의한 규칙과 규범을 중시하고 그것이 공정하고 공평하게 운영되기를 원한다. 또한 소양인의 분노는 도전 의식과 경쟁심으로 변형되어 나타나기도 한다. 정해진 규칙에 따라 공정하게 선의의 경쟁을 펼쳐서 좋은 결과를 얻으면 스스로 자부심을 느낀다. 이러한 의미에서 볼 때 분노는 꼭 부정적인 감정만은 아니며, 《동의수세보원》에서는 이를 노성 怒性이라 하였다. 소양인에게 분노와 슬픔만 있는 것은 아니다. 소양인의 기쁨은 다른 사람과 마음이 통한다고 느끼는 순간에 나오는데, 태음인이 사람 사이에 화합하는 관계를 유지하면서 느끼는 기쁨과 차이가 있으며, 시간이 지나 상황이 바뀌면 금방 사라질 수 있다. 또한 소양인은 강자에게 강하고 약자에게 약한 편이다. 그래서 힘없고 뒤처진 사람들에게 연민을 느낄 때가 있다. 스스로 자신감이 있으면 약자들을 감싸주려는 마음도 커진다.

가끔 보이는 면

소양인이 주변 상황 때문에 자기가 추진하던 일이 틀어지거나 마음에 들지 않는 일을 억지로 하게 될 경우, 처음에는 화가 계속 나다가 어느 순간부터는 무기력해져서 아무것도 하지 못하고 깊은 슬픔과 상심에 빠진다. 이때 분노는 사라지지 않고 속에 억제되어 있으며, 슬픔도 태양인에게 나타나는 차분히 가라앉은 감정이 아니라 억제된 분노와 결합된 매우 격한 상태의 슬픔이다. 이 슬픔이 폭발하면 과격한 행동으로 이어질 수 있다. 《동의수세보원》에서는 노성이 극에 달하면 애정哀情이 동한다고 하였고,

격한 슬픔이 마음을 요동시킨다고 하였다.

    소양인은 노성에 의하여 마음속에 경쟁심이 있는데 이것이 지나치면 공정한 규칙과 기준을 벗어나는 행동을 하며, 자주 경쟁에서 지면 심한 슬럼프에 빠지기도 한다. 자신이 능력 없고 실패자라는 생각과 외부와 단절된 고립감이 강해지면 갑자기 공포를 느끼거나 공황장애가 올 수도 있다. 또한 소양인은 마음속으로 고통을 받는 것에 대해 예민하게 반응한다. 자기가 좋아하는 일에는 흥이 나서 힘든 줄 모르고 몰입하지만, 괴롭고 하기 싫은 일은 참지 못하고 꺼리기 때문에, 그럴 때 주변 사람에게는 태만하고 예의가 없다고 느껴진다. 어떤 때는 과장된 행동을 하다가 갑자기 침울해지는 등 감정의 기복이 심해서 다른 사람이 기분을 맞추기가 힘들다. 모르는 사람을 처음 만났을 때도 자신과 코드가 안 맞을까 염려하여 낯가림이 심할 수 있지만, 어느 정도 시간이 지나 통하는 부분이 생기면 금방 가까워진다.

MBTI 분류

    소양인은 외부 세계에 관심이 많고 대상과 교감하여 동질감을 느끼는 데에 마음이 쏠리므로, E(extraversion)의 특성을 가진 대부분의 유형에 속할 수 있다. 그중에서도 대상을 접할 때 자기 생각대로 재단하지 않고 있는 그대로 객관적으로 받아들이므로, S(sensing)의 특성이 많이 나타난다. 또한 E와 S의 특성이 함께 강해지면 눈에 보이는 세상이 돌아가는 시스템과 원리에 대하여 신뢰가 생겨서, 그대로 실행하면 예측 가능한 결과가 나올 것으로 생각한다.

ESFP 유형의 경우, 개방적이고 감정이 풍부해서 전형적인 소양인이 여기에 속하는데 단, 흥분이 갑자기 가라앉을 때 심한 우울증에 빠질 수 있다. 이에 비하여 ESTP의 유형은 T(thinking)의 특성에 따라 논리적으로 사고하므로 감정에 크게 흔들리지 않는다. 그리고 현실을 인정하는 P(perceiving)의 유연한 태도에도 불구하고 결국엔 목적한 일을 완수하므로 추진력과 끈기가 있다는 평가를 받는다. ESTJ는 ESTP의 유형보다 더 논리적이며, 판단의 결과를 신뢰하여 잘 바꾸지 않는 경향이 있다. 또한 시스템을 구축하여 원칙에 따라 운영함으로써 예기치 않은 변수를 줄이려 한다. 이러한 점들이 J(judging)의 특성으로 나타난다. 소양인 가운데 객관적 세계의 완벽성을 추구하는 사람이 여기에 속한다. ESFJ의 유형은 F(feeling)의 특성으로 사물보다는 사람과 공감하려는 마음이 강한데, J의 영향으로 절제하고 매너 있게 행동한다. 사교성이 강한 태음인도 여기에 속할 수 있다.

일부의 소양인 중에는 사람에 대한 애정이 커서 다른 사람들을 돕거나 이끌고 가려는 생각이 강하고, 그러한 관점으로 현실을 바라볼 때 S의 특성보다 N의 성향이 더 나타날 수 있다. ENFP의 유형에서는 자신이 꿈꾸는 비전을 갖고 사람들에게 다가가며, ENFJ의 유형에서는 주변 사람들을 격려하여 잠재력을 발휘하도록 돕는다. 일부의 태음인이 이들 유형에 함께 속할 수 있다. 한편 소수이지만, 논리적 사고력이 매우 뛰어난 소양인이 ENTP의 유형에 속할 수 있으며, 처한 상황에 대한 통찰력이 있고 변화에 대한 책임 의식이 강한 소양인이 ENTJ 유형에 속할 수 있다.

건강하게 사는 방법

소양인은 보통 체형이 다부지고 가슴이 두꺼우며 근육이 쉽게 발달한다. 일부 이러한 경향에서 벗어나는 소양인들도 있는데, 감정 변화를 살펴서 종합적으로 체질을 판단한다.

소양인은 갑자기 마음이 괴롭고 우울증이 생겨서 슬럼프에 빠지기도 하는데, 이때 라이프사이클을 복원해 나가는 방법으로 사소한 일부터 일정표를 작성하여 규칙적으로 실행해 볼 수 있다. 가라앉은 기분을 되살리는 방법으로는 몸을 써서 힘들게 일한 다음 휴식을 취하거나 잠을 충분히 자고, 흥이 나는 공연을 관람하거나 스포츠 구경을 현장에서 즐기는 것도 좋다. 평소의 취미 생활로는 일정한 규칙과 도구를 활용하면서 감각에 민감한 것으로, 일정한 레시피대로 요리를 하거나 사진 촬영을 배워서 해본다. 아이들과 함께하는 재능기부나 식물, 동물 기르기 등을 하는 것도 정서 안정에 좋다.

대다수 소양인은 평소 몸에 열이 많다. 화를 많이 내서 몸에 열이 오르지 않도록 마음을 조절해야 하고, 머리와 가슴을 항상 서늘하게 하며 심장과 폐의 기능을 높이는 유산소운동을 하는 것이 좋다. 또한 소변을 원활하게 봐서 몸이 붓지 않도록 하며, 중풍이나 심장질환으로 위급해질 수 있으니 미리 예방해야 한다. 더 자세한 소양인의 건강 조절법은 관련된 각 MBTI 유형의 내용을 참고 바란다.

소양인에게 맞는 식품은 참외, 우엉, 보리, 녹두, 팥, 박하, 새우, 게, 굴, 해삼, 돼지고기 등이며, 먹어서 열이 나는 음식은 피한다. 알려진 약재 중에는 산수유, 구기자, 숙지황, 복령, 석고, 목단피, 시호, 차전자, 복분자, 치자 등이 있다.

태음인

특징과 일상적 모습

태음인은 《동의수세보원》에서 전체 인구의 50% 정도 분포한다고 하였다. 사회 공동체의 다수를 구성하여 주변에서 흔히 만날 수 있고, 여러 방면에서 중요한 역할을 많이 하고 있다.

태음인은 사심신물의 구성요소 가운데 신身을 중심으로 인생을 살아가는 체질이다. 동양에서 '몸'의 개념은 물질적 실체인 육체 즉, body만을 의미하지 않고, 정신적인 측면을 함께 내포하고 있다. 또한 나와 남의 몸은 서로 밀접하게 연결되어 있는데, 예를 들면 자식은 부모의 얼굴, 체형, 성격 등을 닮고 형제들끼리도 닮는다. 옛사람들은 이렇게 몸과 몸의 관계를 통해서 사람들이 서로 유대감을 갖는다고 생각했다. 몸을 형성하는 대표적 물질적 요소인 혈血의 개념을 사용하여 이러한 관계를 혈연이라 부른다. 우리가 속한 공동체는 혈연관계의 토대 위에 형성되어 있다고 볼 수 있는데, 지금은 성씨도 다르고 일면식도 없는 사람이지만 오랜 세월을 거슬러 올라가면 먼 친척으로 한 가족일 수 있기 때문이다. 이와 같이 가족의 개념을 가치 중심에 두고 사회를 바라보며 운영하는 이데올로기를 가족주의(familialism, familism)라 한다.

인생은 나그넷길, 자네와 함께라면 외롭지 않아…

참고로 사심신물 중에서 존재와 존재 사이의 관계를 사事라고 하는데, 사는 모든 관계의 특성 자체를 말하며 신身은 주로 사람 사이의 친밀함을 상징한다. 예를 들어 부모와 자식 사이에서 보살피고 길러주며 공경하고 효도해야 하는 관계의 당위성은 사에 해당하지만, 서로 간의 자애와 사랑의 감정 자체는 신에 관련되어 있다.

가족 안에는 가장이 있고 보통 가장을 중심으로 위계질서가 형성되어 있다. 신을 바탕으로 살아가는 태음인은 이러한 가족적 구조에 민감하다. 회사 생활을 할 때도 선배와 후배, 상사와 부하 직원 사이의 관계에 관심이 많다. 신입 사원이 들어오면 무의식적으로 먼저 가까이 대하고 도와주려고 한다. 《동의수세보원》에서는 태음인이 코로 인륜人倫을 냄새 맡는다고 했는데, 사람 간의 보이지 않는 친소 관계를 잘 알아내서 친밀하게 행동하는 특징을 비유한 것이다.

태음인은 애노희락의 감정 가운데 기쁨이 많다. 태음인의 장부 편차는 간장이 발달하고 폐장이 약하므로, 간장의 기쁨이 많고 폐장의 슬픔이 적다. 기쁨은 대상을 끌어당기는 방향의 열린 감정으로, 주로 새로운 상황에서 서로 조화를 이루는 분위기 속에 생긴다. 예를 들어 서먹서먹하던 사람들끼리 함께 저녁 식사를 하면서 각자 살아온 이야기를 나누다 보면, 어느덧 한 가족같이 친숙함이 느껴지고 마음이 흐뭇해진다. 대학을 졸업하는 학생이 학사 학위를 받아 들고 주변 사람들로부터 축하 인사를 받을 때, 그날도 기쁜 날이다. 늘 익숙하고 편안한 대상과 함께할 때 느끼는 즐거움과는 차이가 있다. 《동의수세보원》에서는 태음인의 기쁨을 희성喜性이라고 하였다.

태음인은 특히 공동체 속에 어울리면서 기쁨을 자주 느끼는데, 잘났건 못났건 나이가 많건 적건 많은 사람이 모여 하나로 뭉치는 단합된 모습을 좋아한다. 게 중에 비록 자신과 코드가 안 맞는 사람이 있어도, 서로 협력하며 돕는 긍정적인 분위기를 만들기 위해 그들을 포용한다. 이점은 소양인이 자신과 마음이 맞는 사람 위주로 어울리는 것과 다르다. 또한 어느 한쪽 면만 보지 않고 전체를 균형 있게 조정하는 역할을 잘하며, 문제가 발생했을 때도 임시방편의 조치보다 모든 변수를 고려하여 근본적이고 장기적인 해결 방안을 제시한다. 이렇게 많은 것을 고려하다 보니 일 처리에 시간이 오래 걸릴 수 있다.

또한 다양한 사람이 모인 공동체 안에서는 서로를 배려하며 공동의 규칙을 잘 지켜야 하므로, 태음인은 기본적으로 매너 있고 젠틀하며 점잖다. 사회적으로 통용되는 격식을 가능한 한 벗어나지 않고 잘 따르며, 앞에 나서서 자신을 드러내지 않고 뒤로 물러나 묵묵히 자기 할 일을 충실히 하는 경우가 많아서 태음인 중에 숨은 영웅들이 종종 나온다. 모두가 더불어 행복하게 사는 공동체를 만들어 나가는 데에 태음인은 음으로 양으로 많은 기여를 하고 있다.

가끔 보이는 면

　태음인은 자신을 둘러싸고 있는 인간관계의 네트워크가 흔들릴 때 마음이 허전해지고 가슴이 두근거린다. 예를 들어 오랫동안 사귀면서 가족처럼 지냈던 친구가 나를 멀리하거나 믿음을 저버리며, 서로 돕고 친했던 사람들끼리 어느 날 서로 싸우고 미워하는 것을 보면 마음이 허탈하고 공허해진다. 이처럼 힘든 상황이 지속될 때 태음인은 공허함을 채우기 위해 즐거움을 얻을 수 있는 대상을 찾는다. 가깝게는 감각적인 쾌락이 즐거움을 주는데, 물욕과 애욕이 생겨 보고 듣는 것, 술과 고량진미, 돈, 이성 등을 일시적으로 탐하고, 여유가 있으면 사치를 해서 외모를 치장하기도 한다. 아니면 아무 생각 없이 시간을 보낼 수 있는 단순 반복의 일에 무작정 매달리기도 한다. 태음인이 즐거움을 통해 공허감을 없애려 하는 것을 《동의수세보원》에서는 희성이 극에 달하면 락정樂情이 동한다고 표현하였다. 하지만 이 모든 방법으로는 마음을 근본적으로 달래기 어렵고, 다른 사람과의 관계 회복을 위해 역시 감각적인 대상들을 동원해 보지만 별 도움이 되지 못한다. 사람 간의 신뢰는 오랜 기간의 상호 배려와 희생 등을 통해 형성되기 때문이다.

또한 공허함이 오래되면 마음속에 겁이 생기는데, 남들과의 관계가 끊어져 외롭고 쓸쓸해지면 어쩌나, 제대로 하는 일이 없어 사람 노릇 못한다는 말을 듣지는 않을까 두려움이 앞선다. 두려움은 사람을 위축되게 만들어 모든 일에 한없이 물러서고 소심해진다.

한편 태음인은 어떤 문제에 봉착하면 오랫동안 곰곰이 생각하여 해결 방안을 마련해 내며, 그것이 다른 사람들에게 도움이 될 경우 기회가 될 때마다 친절하게 알려준다. 나아가 그 방안을 중심으로 사람들과 친목을 도모하고 모임을 형성하기도 하는데, 적극적으로 사람들을 모으는 것보다 자연스럽게 자신을 중심으로 관계의 네트워크가 형성되도록 기다린다. 겉으로 느긋하고 전혀 조급해 보이지 않지만, 마음속에는 인간관계 맺고 도움을 주고받으려는 본능적인 욕구가 잠재되어 있다. 또한 인간관계의 네트워크가 형성되고 운영되는 과정에서 스스로 대단하다고 여기면서 교만해지기도 한다.

MBTI 분류

융은 《Psychologische Typen》에서 F의 감정 유형을 설정할 때 희노애락의 모든 감정을 고려한 것이 아니라, 주로 애정과 친근함의 긍정적인 감정을 대상으로 하였다. 따라서 특별한 어느 한 사람만이 아니라 전반적으로 사람을 좋아하고 자신도 주변으로부터 애정을 받고 싶어 하는 사람은 F(feeling)의 특성을 보인다. 물론 스스로 애정이 많지 않다고 느낄 수 있으나, 메마른 환경 속에서 잠시 감정이 속으로 잠재되어 있을 뿐이다.

태음인은, F(feeling)의 특성을 가진 유형 가운데 N(intuition)과의 조합에서 많이 나타난다. 사람들이 가진 F의 특성 및 이와 관련된 감정의 깊이, 정도, 성질 등에 대해 마음속으로 이미 잘 알고 있는 상태에서, 그것이 기준의 틀이 되어 외부 대상을 인식하므로 N의 특성이 드러나는 것이다. 또한 NF의 조합 중에서 사람에 대한 애정이 남달리 강하면, 그 뿌리가 더욱 마음 깊은 곳에 있어서 자신의 삶을 지배하게 되므로 I의 특성을 함께 갖게 된다. 인생에 대한 통찰력, 공동체에 대한 신념, 다른 사람의 성장을 돕는 책임감 등을 갖춘 INFJ의 유형이 태음인에 속한다. 한편 INFP 유형에는 생각이 자유롭고 유연하며 이상을 추구하는 일부의 태음인이 속할 수 있다.

태음인에게 사람에 대한 애정이 마음속 깊이 자리 잡고 있음에도 불구하고, 종종 상대방에 대한 배려심이 너무 강하다 보면 그때그때 만나는 사람마다 무조건 잘해주려고 애쓰게 되어 외부 세계에 마음이 끌리는 E(extraversion)의 특성이 더 많이 드러난다. 이런 유형의 태음인은 긍정적이고 활달한 성격으로 그 숫자가 많지는 않으며 ENFP 유형에 속할 수 있다. 대부분의 ENFP 유형의 사람은 소양인이다. 또한 ENFJ의 유형에서, 내면에 강한 F의 특성이 존재하고 N의 직관과 J의 책임 의식도 함께 있어서 원래 전형적인 태음인의 INF 조합이 나타나야 하나, 주변의 다양한 사람들에 관심을 갖고 그들의 삶으로 들어가 챙겨주는 부드러운 카리스마의 캐릭터를 가지고 있으므로 E의 특성이 좀 더 드러나게 된다. 사람에 대한 애정과 내면의 자기 세계가 강한 일부의 소양인도 여기에 속할 수 있다.

한편 ESFJ 유형은 ES 조합을 가지고 있어서 대부분 소양인이지만, 강한 F와 J의 특성을 밑바탕에 두면서도 활동 범위가 넓고 사교성이 좋은 일부의 태음인이 여기에 속할 수 있다. 태음인도 극히 드물게 자신의 내면세계에 집착하지 않고 세상을 따라가는 ES의 조합을 가질 수 있기 때문이다.

건강하게 사는 방법

태음인은 대체로 체격이 크며 일부 작은 경우도 있다. 체격이 큰 데 비하여 다부지거나 근육질 체형은 아니다. 또한 태음인은 호흡과 순환이 원활하지 않아서 병이 잘 오므로, 중풍이나 고혈압 같은 각종 순환계와 관련된 성인병과, 비만과 당뇨 같은 대사성 질환을 예방하고 관리해야 한다.

사람 관계 속에서 스트레스를 받을 때는 명상을 하거나 조용히 사색하는 것이 좋고 기공체조를 하는 것도 한 방법이다. 가슴이 두근거리거나 현기증이 날 때는 심호흡을 크게 하고, 땀이 날 정도의 가벼운 운동을 계속하면 몸이 가벼워지며 식사 후 속이 더부룩한 것도 사라진다.

태음인은 인간관계 속에서 자신의 존재감을 확인하므로, 평소에 봉사활동이나 상담 관련 일을 하면서 다른 사람들을 돕는 시간을 갖고, 반대로 자기 계발의 동호회 활동을 하면서 자신도 남들로부터 도움을 받는 기회를 가져본다. 여행할 때는 유명 관광지보다 평범한 사람들의 일상을 접할 수 있는 프로그램에 참여하는 것이 좋다. 또한 지위나 역할을 떠나서 함께 어울려서 할 수 있는 일이나 휴식의 이벤트를 가져서, 주변 사람들과 긴장을 풀고 개인적인 이야기를 나누는 것도 자기 관리의 한 방법이다. 더 자세한 태음인의 건강 조절법은 관련된 각 MBTI 유형의 내용을 참고 바란다.

태음인에게 맞는 식품은 콩, 율무, 도라지, 무, 마, 연근, 밤,

잣, 배, 은행, 매실, 명란, 소고기, 우유 등이며, 알려진 약재로는 맥문동, 오미자, 갈근, 마황, 녹용 등이 있다.

소음인

특징과 일상적 모습

소음인은 이제마가 사상의학을 창시할 당시 인구의 약 20%를 차지한다고 하였는데, 대략 소양인과 분포가 비슷하다고 보면 된다. 대체로 조용하고 부드러운 성격을 가지며, 여러 사람을 만나는 때도 있지만 혼자 있는 시간을 즐기는 편이다.

소음인은 우주와 인체를 구성하는 사심신물의 네 가지 요소 중 물物을 바탕으로 삶을 영위하는 체질이다. 여기서 물은 물질(material)을 기초로 형성된 네트워크나 시스템까지 포함하는 개념이다. 당연히 물질은 우주에 널리 분포하고 있지만 인체로 들어오면 생명력을 내재하고 있는 신체의 구성요소로 전환된다. 따라서 우주뿐만 아니라 사람의 내면에도 물의 성질이 존재한다.

물질의 가장 중요한 특징은 안정성이다. 예를 들어 물질끼리 반응할 때도 법칙에 따라 정확하게 진행되며, 음식이나 약을 먹으면 영양소와 성분에 따라 일정한 효과가 나타난다. 소음인은 물질의 안정성처럼 변함없고 대상의 확실한 특성을 잘 인식하며, 인식한 결과는 마음속 깊이 들어와 영향을 미친다. 《동의수세보원》에서는 소음인이 지방地方을 맛본다고 비유하였다. 지방은 원래 특정 지역의 풍토, 지리, 문화, 풍속 등을 의미하는데, 사상의학에서는 태양인이 귀로 듣는다는 천시天時에 대비되는 개념으로 사람을 둘러싼 물질 기반의 대상이나 환경 조건을 말한다. 맛을 본다는 표현도 직접 대상과 접촉하여 느끼는 감각으로 변화 없이 늘 일정하게 인식한다는 의미를 지니고 있다. 원래 청각과 후각은 대상과 직접 접촉하지 않으므로 부정확할 수 있으나, 시각과 미각은 직접 대상을 대하고 느끼는 감각으로 명확하면서 일정한 정보를 얻을 수 있다.

소음인이 외부 대상의 확실한 특성을 감각적으로 인식하였을 때 만약 편안하고 따뜻하며 친숙한 느낌이 든다면, 마음속 깊은 곳에서 그 대상에 대한 맹목적인 애정이 싹튼다. 맹목적이라는 의미는 애정이 일어나는 이유는 속에 있으나 언어를 통해 논리적으로 설명하기 어렵다는 뜻이다. 소음인은 애노희락 가운데 즐거움이 많은데, 바로 맹목적 애정으로 인해 나타나는 감정이다. 소음인의 장부 편차는 신장이 발달하고 비장이 약하므로, 신장의 즐거움이 많고 비장의 분노가 적다. 《동의수세보원》에서는 소음인의 즐거움을 락성樂性이라고 하였다.

소소한 행복, 따뜻한 햇살 그리고 그리운 사람…

즐거움은 기쁨과 마찬가지로 대상을 끌어당기는 방향의 감정이며, 자주 접촉해서 시간을 보낼수록 그 느낌이 깊고 진해진다. 소음인은, 손안에 알맞게 들어와 사용하기 편하고 오래 사용했던 것처럼 친숙하며 은은한 품격이 느껴지는 물건을 찾아내거나, 거창하지 않고 소박하지만 편안하고 아늑한 분위기의 공간에 머물거나, 가만히 몰두하다 보면 재밌고 시간이 잘 가는 나만의 취미로 시간을 보내거나, 오랜만에 정겨운 사람을 만나 차 한잔하면서 소소한 일상의 이야기를 나눌 때 행복감을 느낀다. 이러한 순간들이 가져다주는 안락함은 소음인이 부지런하고 꾸준하게 살아 갈 수 있는 원동력이 된다.

> 가끔 보이는 면

편안함과 즐거움은 소음인의 삶을 지켜주는 울타리와 같다. 평상시 이 울타리는 바늘 하나 들어갈 빈틈도 없이 아주 견고해서, 소음인은 자신의 라이프사이클을 깨지 않으려 한다. 그래서 처음 보는 사람이 소음인을 만났을 때 겉으로는 친절하지만 가까이하기 어려워서 까다로운 성격으로 여기기도 한다.

이랬던 소음인이 만약 자신이 꿈꾸어 왔던 이상형에 꼭 맞는 사람을 만나게 되고, 또 그 사람이 자신에게 잘해줄 때는 마음이 흔들린다. 또한 애초에 가질 수 없다면 마음이 동하지 않지만, 나에게 안성맞춤인 물건이 거의 수중에 들어올 듯하면 갑자기 마음이 안절부절 불안해진다. 이러한 불안정한 마음은 평상시에도 소음인에게 조금 있는데, 자신이 지켜온 가치나 영역이 훼손되거나 사라질까에 대한 두려움으로부터 나온다.

또한 마음에 정말 꼭 드는 대상을 만나서 그 대상을 옆에 두고 친밀한 관계가 만들어질 가능성이 커지면, 다른 사람이 잘 알아차릴 수는 없으나 소음인의 마음이 잔잔하게 하지만, 참을 수 없이 요동치면 속에서 기쁨의 감정이 올라온다. 그 대상과의 친밀한 관계가 가져다줄 편안함과 안락함에 대한 기대 때문이다. 《동의수세보원》에서는 이러한 상태를, 락성이 극에 달하면 희정喜情이 동한다고 표현하였다. 이러한 마음의 흥분 상태가 지속되면 감각과 판단력이 흐려지고 몸이 아프며 생각이 많아져 잠을 못 이루게 된다.

또한 소음인은 평소에 온순하여 다른 사람에게 싫은 소리 하지 않고 일을 할 때도 앞장서지 않는 편이다. 그러나 마음속에 어떤 집착과 욕심이 커지면 반대로 자신을 과시하고 남을 넘어서고 싶은 마음이 생겨서, 자기가 쌓아온 경험을 지나치게 자랑하거나 다른 사람을 부리는 지위를 갖고 싶어 한다. 또한 소음인은 평소에 식탐이 없으나 미각은 발달해 있는데, 마음이 혼란해지고 감정의 동요가 생기면 입맛이 달고 자극적인 쪽으로 바뀌며, 부지런하던 습관도 사라져 편한 것만 찾게 되는 등 몸의 변화도 일어난다.

MBTI 분류

　사심신물 중 물物에 대해 민감한 소음인은 외부 세계의 대상에 대한 감각이 뛰어나므로 S(sensing)의 특성이 발달해 있다. 《동의수세보원》에서 소음인이 맛을 본다고 비유한 것은 대상과 밀접한 접촉을 통해 인식함을 말하며, 실제 인식은 오감 전체적으로 일어난다. 단 소양인의 경우는 S의 특성이 E의 특성과 연결되어 세상의 다양한 모습들에 호기심을 갖고 마음이 쏠리게 되며, 소음인의 경우는 S의 특성이 I(introversion)의 특성과 연결되어 대상의 섬세한 느낌이 마음속 깊이 전달된다. 따라서 IS 조합의 유형에 소음인이 많이 속한다.

　소음인 의식의 깊은 자리 또는 무의식에는 융이 말한 원형(archetype)처럼 무언가 맺혀있는 것이 있으며, 대상으로부터 들어오는 감각의 정보들이 그것과 바로 이어진다. 그렇다고 인식의 틀을 미리 가지고 대상을 대하는 것은 아니므로 직관의 N(intuition) 특성은 나타나지 않고, 현실에 있는 그대로를 받아들이게 된다. 참고로 융의 심리학에서는, 여러 내향성의 I(introversion) 유형에 대한 설명들이 전반적으로 소음인을 표현하는 경우가 많다. 소음인이 S의 감각으로 인식한 결과들은 I의 지배력에 영향을 받으면서 F 또는 T의 판단으로 이어진다.

　IS 조합을 가진 ISFJ와 ISTJ 유형의 사람은 모두 J(judging)의 특성으로 인하여 눈앞의 대상에 적극적으로 개입하려 하며, 특히 ISFJ의 유형은 F(feeling)로 표현되는 사람에 대한 깊은 애정 또는 애착을 가지고 있어서 즐거움의 감정이 많은 전형적인 소음인이 여기에 해당한다. ISTJ의 유형도 소음인으로서 사람에 대한 애정을 기본적으로 마음의 밑바탕에 가지고 있으나, 겉으로 보기에는 주로 관심을 사물에 두고 자신만의 논리와 원칙으로 다루려고 한다.

　또한 유연하고 개방적인 P(perceiving)의 특성을 가진 ISFP와 ISTP의 유형에도 소음인이 속할 수 있다. ISFP 유형의 경우는, F와 P의 특성으로 인하여 주변에 애정을 갖고 폭넓은 활동으로 많은 경험을 쌓아 나가므로 양인처럼 보이지만, 긍정의 마인드와 충분한 체력을 갖춘 소음인들이다. ISTP 유형의 사람은 TP 조합으로 뛰어난 창의력을 보이는데 식견과 통찰력을 갖춘 일부의 소음인이 여기에 속한다.

　한편 I의 특성으로 내면의 지배력이 강해져서 소음인의 장점인 S의 특성이 줄어들고 N(intuition)의 직관이 발달한 경우가 있다면, INTJ와 ENTJ의 유형에 일부의 소음인이 포함될 수 있으나 그 숫자는 많지 않다. 만약 자신의 창작 활동과 창작물에 깊은 애착을 느끼거나, 강한 기질을 타고나 식견이 뛰어난 소음인이 있다면 각각 INTJ와 ENTJ의 유형에 속할 수 있을 것이다.

건강하게 사는 방법

소음인의 체형은 대체로 비대하지 않고 마른 편이며, 상체보다 하체가 발달되어 있다. 또한 몸이 차가운 경우가 많고 종종 소화장애가 나타난다.

마음이 불안하고 조급해질 때는 혼자 조용한 시간을 가질 수도 있고, 반대로 외부 활동을 하면서 분위기를 전환할 수도 있다. 전자의 예로, 뜨개질이나 비즈공예 같은 단순 반복의 취미를 하거나 조용하게 시간을 보내는 독서, 음악감상, 식물 기르기 등을 하고 종교시설에 가서 차분한 마음으로 기도할 수도 있다. 주변을 정돈하는 정기적인 집 안 청소도 좋다. 만약 밖으로 관심을 돌린다면, 남들과 함께하는 동호회 활동을 하거나 몇몇 사람과 여행을 다니고, 그것이 어려우면 산책 등 간단한 외출을 규칙적으로 할 수 있다. 또한 사람들과 만날 때 속에 자신의 감정과 의견을 속에 담아두지 말고 솔직하고 담담하게 말하는 것도 도움이 된다.

땀을 많이 내거나 근육을 기르는 운동은 피하고 가벼운 산책을 하며, 손발과 아랫배를 늘 따뜻하게 하면서 정기적으로 반신욕을 하는 것도 좋은 방법이다. 체온 조절에 유의하여 설사하지 않도록 하며, 일부 당뇨나 간 기능 이상이 올 수 있으니 이를 예방하고 관리해야 한다. 더 자세한 소음인의 건강 조절법은 관련된 각 MBTI 유형의 내용을 참고 바란다.

소음인에게 맞는 식품은 마늘, 생강, 파, 귤, 대추, 벌꿀, 찹쌀, 계피, 조기, 닭고기 등이며, 자극적이면서 달짝지근한 음식은 피한다. 알려진 약재 중에서는 인삼, 황기, 계지, 육계, 당귀, 작약, 향부자, 하수오, 감초 등이 있다.

나오기

　사람의 마음은 여러 겹으로 되어 있는 양파와 비슷하다. 겉으로 보기에는 마치 사람마다 지문이 다른 것처럼 다양한 성격을 가지고 있어서, 자신과 유사한 사람을 만나기 쉽지 않고 평생 마음이 잘 통하는 사람도 몇 안 된다. 하지만 한 꺼풀씩 벗겨내 들어가다 보면 다양성은 점점 사라지고 몇 가지 패턴으로 모아지게 되는데, 심리유형이나 성격유형은 바로 이러한 패턴을 알기 쉽게 정리한 것이라 보면 된다.

　사람의 성격을 크게 내향성과 외향성으로 나누었던 칼 융은, 인간의 본성에 관해 지식이 조금 있는 사람이라면 이러한 차이가 한 개인의 특이점이 아니라 유형에 따른 태도의 문제임을 쉽게 알 것이라고 하였다. MBTI의 기초를 만들었던 캐서린 브릭스는, 딸의 남편이 될 클래런스 마이어스를 처음 만났을 때 무언가 성격이 다름을 느꼈고, 딸과 자신의 친밀한 관계 지속을 위해 성격유형에 관심을 갖게 되었다. 사상의학을 창시한 이제마는, 사람의 마음과 기질이 다양하게 차이가 날 수 있는데, 태어나면서 문득 얻게 된 이것을 멍하니 생각하지도 않고 잠자코 저절로 오기만 그렇게 기다려서야 되겠냐고 하였다.

　양파의 껍질을 계속 까보면 남는 게 없다. 사람의 마음도 계속 파고 들어가 보면, 빈 백지장 상태만 남는다. 이 백지상태의 마음이 곧 차별이 사라진 세계이며 한편 인간과 우주의 보편성만 남아있는 공간이다. 융에게는 그것이 집단무의식일 수 있고, 브릭스에게는 딸을 바라보는 시선일 수 있고, 이제마에게는 치우침 없는 중앙 태극의 마음일 수 있다.

　원래 움직이는 대상을 파악하려면 자신은 움직이지 않아야 한다. 같이 흔들리면 올바르게 보기 힘들기 때문이다. 특히 사람의 마음은 변화무쌍해서 한시도 가만히 있지 않으며, 손안에 쥐어지지도 않는다. 따라서 백지상태의 마음이 되어야만 자신을 비롯하여 다양한 사람들의 성격을 제대로 파악할 수 있을 것이라는 가설이 가능하다. 물론 이 가설이 맞는지는 그 경지에 가본 사람이 알 것이다.

　하루하루를 살기 바쁜 우리 같은 보통 사람들은 마음을 고요하게 갖기가 쉽지 않다. 그래서 성격유형의 도구가 필요한 것인지도 모른다. 검사를 통해 자신과 주변 사람의 유형을 알아보고 서로 결과를 맞혀 보면서 상대방을 이해해 나간다. 이렇게 이해가 깊어지면 각자의 마음속에 동심원의 울림이 생길 수 있다. 이

작은 울림이 자신과 남을 변화하게 만드는 시작점이 되기도 한다. 나와 차이가 나는 다른 존재를 만나면 그것이 크든 작든 일종의 자극이 되고, 그 자극이 생명의 본질에까지 미쳐서 꿈틀거리게 만든다.

MBTI를 개발한 캐서린 브릭스와 이사벨 마이어스는 어려서 남다른 교육을 받았고, 자신들도 교육에 관심이 많았다. 당연히 MBTI도 큰 의미의 교육을 염두에 두고 개발되었다. 그들은 아마도 교육이 학교에서만 이루어지는 것이 아니라, 사람에 대한 따뜻한 마음을 가진 한 사람이 또 다른 사람을 만나서 타고난 호기심을 채워주고 마음을 열게 만들어 줄 수 있는, 어떤 시간과 어떤 공간에서든 가능하다고 보았을 것이다.

한편 교육은 인간의 변화를 대전제로 한다. 사람이 절대 안 변한다고 생각하면 교육이라는 개념은 애초에 성립되지 않는다. 또한 특별한 사람만을 대상으로 하지 않는다. MBTI가 개발되어 업그레이드가 진행될 당시에 다른 심리유형 검사 도구들과 경쟁했는데, 그것들은 특정 분야에 적합한 엘리트를 뽑아서 활용할 목적을 가지고 있었다. 그러나 브릭스와 마이어스는 유형 간에 차별을 두지 않았다. 마음의 백지상태와 같은 인간의 보편성을 존중하고 그 자리를 모든 변화의 출발점으로 본 것이다.

사상의학의 체질 유형은 질병 치료를 목적으로 만들어진 것으로 《동의수세보원》에는 체질별 병증의 양상과 전문적인 치료법에 관한 내용이 담겨 있다. 이제마는 책의 앞부분에서 마음속 감정 변화에 따라 체질을 구분하는 방법에 많은 지면을 할애하고 있는데, 그만큼 마음이 몸의 변화에 큰 영향을 미친다고 생각한 것이다. 질병은 사회적 요인으로도 발생한다. 가난, 흉년, 돌림병, 전쟁 등이 그것이다. 당시 어렵게 살았던 민초들의 고통을 덜기 위하여 체질의학을 만들었으며 그 과정에서 사람 마음의 특성과 변화를 탐구했다. 칼 융, 캐서린 브릭스와 이사벨 마이어스가 살았던 시대 환경도 안락과 풍요만 있었다고 보기 힘들다.

심리유형이나 성격유형을 개발한 이 인물들은 사회 변혁 운동에 직접 뛰어들어 활동하기보다 인간의 내면에 천착하였는데, 그들의 선택이 맞았는지 그 생각의 지향점과 노력의 결과는 지금까지 사라지지 않고 계속 이어져 오고 있다.

참고문헌

- Merve Emre. The Personality Brokers: The Strange History of Myers-Briggs and The Birth of Personality Testing. New York, Anchor Books, 2019.
- Isabel Briggs Myers. Introduction to Type(6th edition). California, CPP Inc., 1998.
- Isabel Briggs Myers, Marry H. McCaulley. 김정택 외 편. MBTI 개발과 활용. 서울, 어세스타, 2007.
- Isabel Briggs Myers, Peter Briggs Myers. Gifts Differing: Understanding Personality Type. California, CPP Inc., 1995.
- 전국한의과대학사상의학교실. 사상의학. 서울, 집문당, 1997.
- 칼 구스타프 융, 정명진 옮김. 심리유형. 서울, 부글북스, 2019.